개정판

| Samuel Beckett |

사무엘 베케트의 존재 의식

개정판

| Samuel Beckett |

사무엘 베케트의 존재 의식

정갑철 지음

전남대학교출판문화원

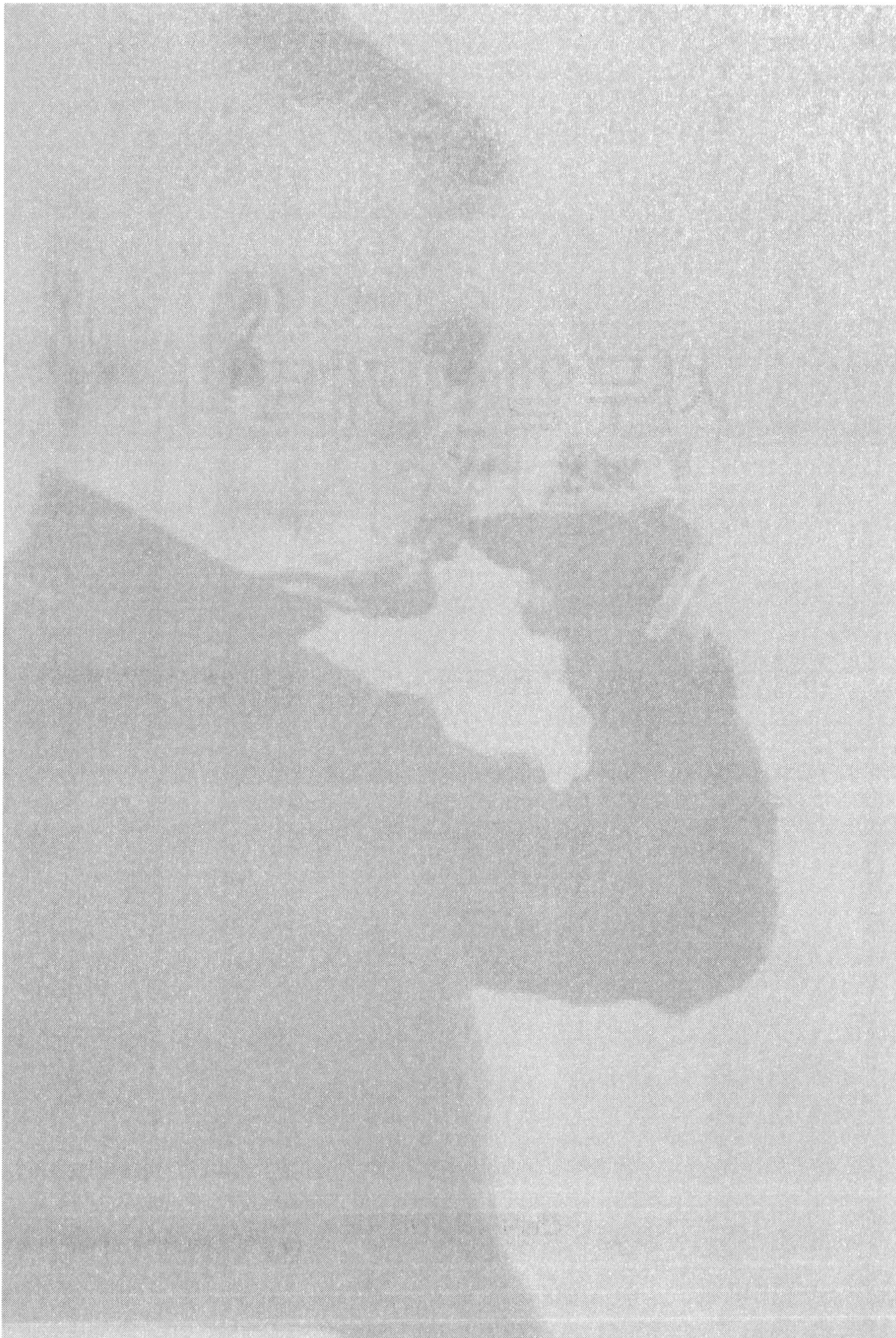

목차

Ⅰ. 서언

사무엘 베케트(Samuel Beckett)는 20세기 중반 이후의 유럽과 미국 연극계에 지대한 영향을 끼친 극작가이다. 베케트는 실험적 성격이 강한 연극 형식을 탐구하고 발전시켰다는 측면에서 흔히 아르토드(Artaud), 이오네스코(Ionesco), 브레히트(Brecht)와 같은 작가들에 비유되기도 한다. 이들 역시 20세기 연극에 충격적일 정도의 혁신적인 요소를 도입했던 개척자적인 작가들임에 틀림없다. 그러나 이들의 영향력은 베케트가 부조리극인 『고도를 기다리며』(*Waiting for Godot*, 1953)를 발표함으로써 현대 연극에 불러일으킨 반향에는 미치지 못했다고 볼 수 있다.

부조리극 작가인 베케트는 인간을 전통적 의미의 합리적인 존재로 보지 않는다. 그는 인간을 부조리한 우주 속에서 이성의 한계에 직면해 있는 존재로 간주한다.[1] 베케트는 이 세상에는 존재에 관해 확실하게 말할 수 있는 것은 아무 것도 없다고 간주하며, 삶을 논리적 설명이 불가능한 혼돈의 상태로 규정한다. 기본적으로 그의 철학은 인간이 우주적 혼돈 속에서 자신의 세계를 이해할 수 없다는 것과 그럼에도 불구하고 알려는 충동에 사로잡혀 있다는 점을 강조한다.

특히 베케트는 『프로스트』(*Proust,* 1930)에서 상술하고 있듯이 시간의 파괴 작용을 그의 작품 세계에서 강조하고 있다. 베케트는 시간의 작용이 인식의 주체든, 객체든, 그 무엇도 끊임없이 파괴하여 변화시켜 버리고, 인간 의식의 대상이 항상 단절을 겪는 상태에 있기 때문에 인간의 끊임없는 존재 파악의 시도와 의미 추구의 노력은 실패할 수밖에 없다고 본다. 따라서 혼돈과 좌절, 불안, 목적과 의미의 상실로 인한 견딜 수 없는 공허와 소외가 존재의 고통스러운 근원적 조건이라고 본다.

결국 베케트 작품 세계의 가장 주된 주제는 존재의 고통이라고 볼 수 있으며, 그의 주요 작품은 이 존재의 고통이라는 주제를 중심으로, 혼돈된 우주 속에서 인간이 처해 있는 극복할 수 없는 부조리한 존재 양식과 비관적 상황을 묘사하고 있다고 볼 수 있다.

이 책은 이전에 출간했던 본인의 저서인 『사무엘 베케트의 존재의식』(2015)에 그의 라디오극인 『언어와 음악』(*Words and Music*, 1962)에 대한 분석을 추가하고, 본문 내에서는 모든 원어 저서와 저자 및 인물들을 우리말로 표기한 개정판이다. 부조리한 세계 속에서 살아가는 인물들이 존재에 대한 고통스러운 의식을 극복하기 위해 시도하는 행동 양식이나 정신적인 추구의 모습은 무엇인가를 분석한 이 책이 사무엘 베케트의 존재 의식을 이해하는데 다소나마 도움이 되었으면 한다.

2018년 10월

저자

Ⅱ. 『고도를 기다리며』: 부조리한 기다림

『고도를 기다리며』에 나타난 베케트의 존재 관은 비관적이다. 등장인물들이 끊임없는 혼돈과 좌절의 상황에 처해 있기 때문이다. 이 같은 상황은 세 가지 관점에서 살펴볼 수 있는데, 첫째는 두 주인공 블라디미르(Vladimir)와 에스트라곤(Estragon)의 정체성 추구의 실패이다. 블라디미르와 에스트라곤은 끊임없이 자신들과 주변 세계와의 관계를 파악함으로써 자신들을 규명하려고 한다. 이것은 자신들의 삶에 어떤 질서와 의미를 부여함으로써 존재의 혼돈과 무의미성을 극복하고 안정된 현실 의식을 갖추려는 시도이다. 그러나 자아의 확인은 이들에게 "해결될 수 없는 갈증의 고통"[1]일 뿐이다. 둘째는, 이들의 고도(Godot)에 대한 기다림이다. 고통과 역겨움의 존재 조건으로부터 의식을 돌리기 위해 이들이 의존하는 최대의 습관은 고도에 대한 기다림이다. 그러나 이들의 고도에 대한 기다림은 부조리한 행동에 지나지 않는다. 셋째는, 이들이 사용하는 언어의 문제이다. 『고도를 기다리며』의 인물들에게는 언어가 진지한 의사전달을 위해 쓸 수 있는 유용한 도구가 되지 못한다. 이들은 침묵과 삶의 지루함을 피하기 위해 주로 무의미한 환치나 게임의 형태로 언어를 사용하고 있다. 그러나 이 같은 언어 형태가 이들이 침묵과 지루함을 탈피할 수 있는 효과적인 수단은 되지 못한다. 이 장에서는 이 세 가지 관점이 작품 속에 어떻게 구체화되어 있는가를 논함으로써 보편적 인간을 상징하는 두 주인공이 처해 있는 존재의 조건은 혼돈과 불안, 좌절과 공허에서 벗어날 길이 없는 비관적인 것임을 제시하고자 한다.

블라디미르와 에스트라곤에게 있어서 "우리는 인간이다"[2]라는 말 외에는 어떤 구체적인 정체성도 찾아보기 어렵다. 이들은 나이도 직업도 없이 한길에서 서성이는 방랑자로서 그냥 거기에 있는 것이다. 이들은 사회적, 종교적, 정치적인 인습으로부터 벗어나 버린 벌거숭이 인간 그 자체로서 그곳에 있는 것이다. 구체성이 없는 배경과 등장인물들의 이름의 모호성은 이 극 속에 그려져 있는 보편적 인간 상황으로부터 주의를 돌려놓을 그 어떤 사회적 현실이나 역사적인 맥락으로부터도 이들을 차단시키고 있다. 이들의 성은 주어져 있지 않고 독자에게 알려져 있는 블라디미르와 에스트라곤이라는 이름마저 이들이 사용하는 경우는 많지 않다. 이들은 대개의 경우 서로를 디디(Didi)와 고고(Gogo)로 칭하고 있을 뿐이다. 2막에서 소년은 블라디미르를 앨버트(Albert)로 부른다. 에스트라곤은 포조(Pozzo)가 그의 이름을 묻자 자신이 인류를 상징하는 아담(Adam)이라고 대답한다. 두 주인공 이름의 이 같은 모호한 성격은 이들이 보편적 인간을 상징하는 것을 의미하며, 아울러 이들이, 인간이라는 것 외에는, 자신들에 대한 정체성을 확인하지 못하고 있음을 암시하기도 한다.

이들은 국적이나 나이나 직업 따위로는 설명이 불가능하며 이름마저 불확실하고, 존재의 뿌리가 사라져 버린 고독하고 소외된 인물들로 묘사되어 있다. 이들은 궁극적인 진리나 종교적 신념, 또는 도덕적 가치를 상실한 부조리한 세계 속에서 불안과 혼란에 쌓인 채 목적 없이 살아가는 뜨내기와 같은 존재들이다. 그러나 그럼에도 불구하고 이들은 자신들의 정체성을 확인 받을 대상을 끊임없이 추구한다. 정체성의 상실은 인간이 자신의 삶 속에서 어떤 의

미나 질서를 발견할 수 없음을 의미하며, 이것은 혼돈과 불안의 의식으로 이어질 수밖에 없기 때문이다.[3]

그러나 의식을 가진 존재로서 인간은 그 자신의 정체를 알아보기가 쉬운 것은 아니다. 왜냐하면 인간은 시간 속에서 살아가는 존재이고, 시간 작용에 의해 자아가 시시각각으로 변하기 때문이다. 그것은 극단적인 의미에 있어서 인간의 정체는 극히 현재적이며 순간적이고 의식 또한 늘 변화하기 때문에 자신의 참모습이 끊임없이 과거로 흘러가서 기억 속에만 존재한다는 것을 뜻한다.

> 개인은 느슨하고, 창백하며, 단색인 미래 시간의 액체를 담고 있는 그릇을 시간의 현상들로 인해 흔들리고 다양한 색깔이 되어버린 과거 시간의 그릇에 따르는 끊임없는 과정의 자리이다.
>
> The individual is the seat of a constant process of decantation, decantation from the vessel containing the fluid of future time, sluggish, pale and monochrome, to the vessel containing the fluid of past time, agitated and multicoloured by the phenomena of its hours.[4]

인간에게는 모든 것을 변화시키는 시간이 끊임없이 통

과하고 있다. 따라서 인간이 스스로의 정체를 확인하려면, 끊임없이 변화하는 현재의 상황으로서는 알 수 없기 때문에, 과거에 무슨 일이 일어났는가에 대한 확신이 필요하다. 다시 말하면 진정한 자아의 정체를 찾기 위해서는 과거의 실존이 기억 속에 완벽하게 재현되어야 하고, 또한 그것을 확인해 줄 어떤 절대적인 증인이 필요한 것이다.

블라디미르와 에스트라곤이 어제 무슨 일이 일어났는가에 대해 끊임없이 관심을 갖는 것도 이 때문이다. 그러나 그들은 어제 무슨 일을 했는지, 누구를 만났는지, 어디에 있었는지, 거의 기억하지 못한다. 이들은 과거를 상기해 보려고 애를 쓰지만 헛수고이다. 이들은 어떤 것도 확실하게 기억할 수가 없고, 따라서 이들에게는 모든 것이 불확실해질 뿐이다.

> 에스트라곤: 어제 우리 이곳에 왔었어.
> 블라디미르: 아니 그렇지 않네.
> 에스트라곤: 어제 우리 무엇을 했지?
> 블라디미르: 어제 우리가 무엇을 했냐고?
> 에스트라곤: 그래.
> 블라디미르: 아니 . . . (화를 내며). 자네가 옆에 있으면 확실한 것이 아무 것도 없어.

Estragon : We came here yesterday.

Vladimir : Ah no, there you're mistaken.

Estragon : What did we do yesterday?

Vladimir : What did we do yesterday?

Estragon : Yes.

Vladimir : Why . . .(*angrily*). Nothing is certain when you're about. (10 A)

이처럼 베케트는 기억을 비웃음으로써 과거의 사건을 현재에 결부시켜 자기 자신을 알려고 하는 인간의 노력과 능력을 격하시키고 있다. 인간의 사고에 중요한 기억이 철저하게 불신되어 있고, 따라서 인간의 사고가 "일시적인 소극"[5]으로 극화되어 있다.

이 같은 조건하에서는 아리스토텔리스적인 의미의 플롯은 불가능하다. 결함이 있는 기억은 이들 플롯 없는 드라마에 또 하나의 전형적 특징인 의사소통의 실패에 관해서도 부분적인 원인이 된다. 따라서 그 어떤 논리적인 사고의 교류도 『고도를 기다리며』에서는 발생하지 않는다. 왜냐하면 인물이 들었던 것을 잊어버리기 때문이다. 또한 그 어떤 사건도 의미를 갖지 못한다. 사건이 쉽게 잊혀 지기 때문이다. 블라디미르와 에스트라곤이 시간을 보내기 위해

서로 질문하는 게임을 한 후에 다음과 같은 대화가 이어진다.

에스트라곤: 그것 괜찮은 말 솜씨였네.

블라디미르: 그래, 하지만 이제 우리는 다른 것을 구해 봐야지.

에스트라곤: 글쎄. (그는 모자를 벗고 신경을 곤두세운다.)

블라디미르: 글쎄. (모자를 벗고 신경을 곤두세운다. 긴 침묵이 흐른다.) 오호!

(두 사람은 모자를 쓰고 나서 긴장이 풀린다.)

에스트라곤: 그래서 . . .

블라디미르: 내가 무슨 말을 하고 있었나? 거기서부터 계속할 수 있을 텐데.

에스트라곤: 언제 자네가 무슨 말을 하고 있었지?

블라디미르: 맨 처음이라니?

블라디미르: 오늘 저녁에 . . 내가 말하기를 . . . 내가 말하기를 . . .

Estragon : That wasn't such a bad canter.

Vladimir : Yes, but now we'll have to find something else.

Estragon : Let me see.

(He takes off his hat, concentrates. Long silence.)

Vladimir : Let me see. (*He takes off his hat concentrates. Long silence.*) Ah! (*They put on their hats, relax.*)

Estragon : Well?

Vladimir : What was I saying, we could go on from there.

Estragon : What were you saying when?

Vladimir : At the very beginning.

Estragon : The very beginning of WHAT?

Vladimir : This evening . . . I was saying . . . I was saying . . . (42)

이들은 얼마 전에 나누었던 대화의 내용마저 제대로 기억하지 못하고 있는 것이다. 작품 속에서 블라디미르와 에스트라곤은 자신들을 알아보기 위하여 끊임없이 장소나 시간에 대해서도 확인하려 든다. 그러나 이들은 장소나 시간을 확실하게 분간하지 못한다. 이것은 곧 끊임없이 변화하는 인간의 의식으로는 어떤 것도 확실히 식별할 수가 없음을 의미한다. 자신의 의식뿐만 아니라 현실 자체도 변화해 버려 어디에도 절대성을 둘 수 없기 때문이다. 그러므로 시간과 공간에 갇힌 인간이 그것을 초월해서 자신의 정체성을 확인한다는 것은 불가능한 일이라고 할 수 있다.

그럼에도 불구하고 끊임없이 두 주인공은 자신들과 주변의 세계에 대해 알아보려고 노력한다. 이 같은 시도는 사실상 자신들의 정체성에 대한 절실한 확인 작업으로 볼 수 있다. 그러나 이들의 정체성 확인 노력은 실패할 수밖에 없다. 시간은 모든 것을 파괴하여 변화시켜 버리며, 어제의 나는 오늘의 내가 아니고, 어제의 목표는 오늘의 목표가 될 수 없기 때문이다. 다시 말해서 인간은 현재의 순간순간에 끊임없이 새로운 실존으로 변화하여 새로운 목적을 새우고, 그 목적이 달성되는 순간 실망하여 또 다른 목적을 향하여 전진하게 되므로 인간은 어떤 절대적인 대상이나 가치를 갖지 못한다.[6] 베케트의 이러한 사상 때문에 데이비드 헤슬라(David Hesla)는 베케트를 "절대성의 존재를 부인하는 혼돈의 선지자"[7]라고 규정했다.

『고도를 기다리며』에서 블라디미르는 끊임없이 변화해 가는 자신에 대해 의문을 제기한다. 어제의 나와 오늘의 나, 또 내일의 내가 어떤 면에서 같을 수 있으며, 어디에 절대성을 둘 것인가 하는 근본적인 물음이다.

> 블라디미르: 내가 잠을 자고 있었나? 다른 사람들은 고통을 당하고 있는 동안에? 나는 지금 자고 있는

건가? 내가 내일 잠을 깬다면, 아니, 가령 깬다고 생각한다면 오늘 일에 대해 어떤 말을 하게 될까? 내 친구 에스트라곤과 함께 이 고장에서 밤이 될 때까지 고도를 기다렸다고 할까? 포조가 지나갔다고 할까 . . . 아마도. 그러나 이 모든 것 속에 어떤 진실이 있을까? . . . . 공중엔 우리의 울음소리가 충만해 있다.

Vladimir : Was I sleeping, while the others suffered? Am I sleeping now? Tomorrow, when I wake, or think I do, what shall I say of today? That with Estragon my friend, at this place, until the fall of night, I waited for Godot? That Pozzo passed, . . . probably. But in all that what truth will there be? . . . . The air is full of our cries. (58)

이 같은 블라디미르의 대사는 모든 것이 불확실한 부조리 세계 속에서 자신의 정체성을 확인하지 못한 채 혼돈과 불안 속에서 탄식하는 한 인간의 외침 소리라고 볼 수 있다. 인간은 시간 작용에 의해 순간순간 파괴되어 버리는 자신 때문에 항상 불안 속에서 살아가는 존재이며, 불안 속에서 자신의 정체성을 확인 받을 수 있는 절대적이고 영원한 대상을 갈망하고 찾게 된다. 여기에 블라디미르와 에스트라곤이 고도를 기다리는 절실한 이유가 있다. 즉, 블라디미르와 에스트라곤이 이러한 변화와 혼란의 와중에서도 고도가 현실화되기를 기다리는 가장 큰 이유는 그들의 정체성을 고도로부터 확인 받을 수 있다고 믿기 때문이다.[8] 시간과 공간에 갇힌 유한적 존재인 인간은 그것을 벗어난 외부로부터 온 불변의 어떤 존재로부터 자신의 정체성을 확인 받을 수 있으리라 생각한다. 그러나 고도에 관한 한 아무 것도 분명한 것이 없다. 그와의 약속도, 시간도, 장소도, 확실한 것은 하나도 없다.

> 블라디미르: 그가 틀림없이 온다고는 말 안 했네.
> 에스트라곤: 만약 그가 오지 않는다면 어떡하지?
> 블라디미르: 내일 또 오지 뭐.
> 에스트라곤: 그리고 모래고 오고.
> 블라디미르: 그럴지도 모르지.
> 에스트라곤: 매일 매일 계속해서.

> Vladimir : He didn't say for sure he'd come.
> Estragon : And if he doesn't come?
> Vladimir : We'll come back tomorrow.
> Estragon : And then the day after tomorrow.

Vladimir : Possibly.

Estragon : And so on. (10-10 A)

블라디미르가 에스트라곤과 기다리는 고도는 날마다 기다려도 오지 않고 있다. 내일 온다고 하는 고도는 단순히 미래 시간일 수도 있고, 그들이 고도에게 막연히 부여하고 있는 절대성으로 인해 "가능성 있는 절대성"[9]일 수도 있다. 그러나 미래나 가능성이란 것은 아직은 현재화되거나 실재 화되어 있지 않는 빈개념이다. 따라서 두 주인공이 현재로서는 자신들의 정체성을 확인할 길이 없다. 실존의 본질은 인간 스스로의 노력만으로는 알 수가 없기 때문이다.[10] 이 같은 정체성 추구의 실패는 존재의 고통을 강화할 뿐이다. 인간은 끊임없이 자아와 사물의 본질을 이해하려는 충동에 이끌리는 존재로서 자아의 상실을 견딜 수 없기 때문이다.[11] 작품 속에서 자주 반복되고 있는, "확실한 것은 아무 것도 없어," "우리 이제 어떻게 하지?"와 같은 표현들은 정체성 확인의 실패와 관련된 두 주인공의 고통스러운 좌절과 불안을 나타낸다.

두 주인공의 고도에 대한 기다림의 행동은 두 가지 측면에서 분석할 수 있다. 즉 고도는 과연 나타날 것인가 하는 고도의 출현 가능성 문제와 고도가 나타났을 경우 이들 두 주인공에게 어떤 의미를 갖느냐 하는 것이다. 작품의 1막 끝 부분에서 보면 고도를 기다리고 있는 블라디미르와 에스트라곤에게 한 소년이 찾아와서 고도가 오늘 저녁에 오지 않고 틀림없이 내일 온다고 전한다. 그러나 2막에서 보면 1막에서 소년이 말한 그 내일이 되었지만, 여전히 고도는 오지 않고 소년만 나타나서 1막에서처럼 고도가 내일 온다는 말만 전달하고 사라진다.

이 작품은 시작할 때와 마찬가지로 블라디미르와 에스트라곤이 여전히 고도를 기다리고 있는 모습으로 끝난다. 그러니까 플롯이 무시되고 구조상 도입부가 작품 전체를 통해 지속되고 있다고 말할 수 있다. 1막에서 블라디미르와 에스트라곤은 끊임없이 지루하게 고도를 기다리고 있으며, 포조와 럭키가 등장했을 때 이들의 기다림의 지루함이 일시 중단될 뿐, 포조와 럭키가 떠나자 블라디미르와 에스트라곤은 다시 전과 같이 지루한 기다림의 상태에 놓이고 극적 행동은 어떤 전환점에도 이르지 못한다. 2막에서도 포조와 럭키가 등장하는 것이나 소년이 출현하는 것 등, 내용이나 구조가 1막과 유사하고 2막의 끝 부분은 1막의 처음 상황, 즉 블라디미르와 에스트라곤이 황량한 들판에서 고도를 기다리고 있는 상황으로 다시 되 돌아간다. 이처럼 작품의 1막과 2막이 내용과 구조면에서 유사한 것은 레오나드 프론코가 그의 저서 『아방가드』(*Avant-Garde,* 1966)에서 말하듯, 블라디미르와 에스트라곤이 처해 있는 상황이 변함없이 되풀이 될 거라는 것을 상징적으로 암시하고 있다고 볼 수 있다.[12] 만약 이 작품에 3막이 있다고 한다면 3막 역시 1막과 2막의 패턴을 되풀이하는 것에 지나지 않을 것이며, 이것은 베케트 자신의 "1막은 너무 적고 3막은 너무 많다"[13]라는 말 속에서도 확실해진다. 여기서 1막으로는 너무 적을 것이라는 말은 이 극이 1막 만으로 끝날 경우 2막이 있을 때와 같은 절망감을 주지 않을 것이라는 의미이다. 왜냐하면 1막의 끝 부분에서 소년이 말한 대로 고도가 다음날 올지 모른다는 희망이 강하게 작용하기 때문이다. 작가가 3막은 너무 많다고 한 말은 만약 자신이 세 번째 막을 첨가시킨다면 그것 역시 1막과 2막의 반복이 될 뿐, 오히려 극적인 서스펜스를 상실한 막이 됨으로써 견딜 수 없는 지루한 막이 될 것이라는 의미로 볼 수 있다.

이처럼 고도는 나타나지 않고 블라디미르와 에스트라곤의 무의미한 기다림은 계속될 것이라는 암시는 2막의 첫 부분에서 블라디미르가 부르는 개의 노래에도 나타나 있다.

개 한 마리가 부엌에 들어 왔네.
빵 한 조각을 훔쳤네.
요리사가 국자를 가지고 나타났네.
개가죽을 때까지 때렸다네.
그러자 온갖 개가 달려 왔다네.
그리고 죽은 개의 무덤을 파줬다네.
. . .
개 한 마리가 부엌에 들어 왔다네.
빵 한 조각을 훔쳤다네.
요리사가 국자를 가지고 나타났네.

개가죽을 때까지 때렸다네.
그러자 온갖 개가 달려 왔다네.
그리고 죽은 개의 무덤을 파줬다네___

A dog came in the kitchen
And stole a crust of bread.
Then cook came up with a ladle
And beat him till he was dead.

Then all the dogs came running
And dug the dog a tomb.
. . .
A dog came in the kitchen
And stole a crust of bread,
Then cook up with a ladle

And beat him till he was dead.
And dug the dog a tomb ___ (37-37A)

한없이 되풀이될 수 있는 이 노래의 패턴 역시 블라디미르와 에스트라곤이 처한 궁지의 끝없는 반복성을 제시한다. 이 노래 외에도 블라디미르와 에스트라곤이 세 개의 모자를 가지고 머리에서 손으로, 손에서 머리로, 다시 머리에서 손으로 옮겨가며 번갈아 전달하는 동작(46)등 작품 속에서 이들이 보여주는 반복적인 행동도 이들이 현재 처해 있는 삶의 반복과 정체를 암시한다. 이와 같은 몇 가지 요소는 이 작품에서 고도는 오지 않을 것임을 암시해 주고 있다. 그래서 블라디미르와 에스트라곤도 자신이 처해 있는 상황이 한없이 단조롭고, 공허하며 끝없이 반복되는 비참한 상황임을 인식하고 극의 종말 부에서 다음과 같이 절망적으로 외친다.

블라디미르: 항상 밤인걸 뭐.
에스트라곤: 하지만 밤은 오지 않는다 구.
블라디미르: 밤은 갑자기 와, 어제처럼 말이지.
에스트라곤: 그러면 밤이 돼버리겠지.
블라디미르: 그러면 우리는 갈 수 있어.
에스트라곤: 그러고는 다시 낮이 돌아오겠지.
(한참동안이나 있다가 절망한 듯이)
우리는 무얼 한단 말인가 무얼!

Vladimir : It's always at nightfall.
Estragon : But night does not fall.
Vladimir : It'll fall all of sudden, like yesterday.
Estragon : Then it'll be night.
Vladimir : And we can go.
Estragon : Then it'll be day again.
(*Pause, Despairing*)
What'll we do, what'll we do! (46)

블라디미르와 에스트라곤의 고도에 대한 기다림의 행동을 논하기 위해 고려해 볼 수 있는 또 한 가지 측면은 고도가 이들에게 어떤 의미를 갖는 존재인가 하는 것이다. 고도에 대해서는 그 동안 많은 해석이 가해져 왔는데, 한 가지 예로써 알레인 로브-그릴렡(Alain Robbe-Grillet)은 다음과 같이 말하고 있다.

> 고도는 신이다. 작가는 어근이 되는 "신"을 자신의 모국어에서 빌려오지 않았는가? 결국, 왜 . . . 이 아니겠는가? 또는 고도가 죽음을 의미하고, 만약 죽음이 찾아와서 저들을 먼저 데려가지 않으면 저들은 내일 자살을 할 것이다. 고도는 침묵이다. 마침 내 잠잠해질 수 있는 권리를 갖기 위해 그것을 기다리는 동안은 말을 해야만 한다.

> Godot is God. Has not the author borrowed the root "God" from his native language? After all, why not? . . . . Or else Godot is death, and they will hang themselves tomorrow if death doesn't come and claim them first. Godot is silence: you have to speak while you wait for it in order to have the right to be still at last.[14]

여기서 로브-그릴렡은 고도를 "신," "죽음," 혹은 "침묵"의 의미로 해석을 하고 있다. 반면에, 감옥에 갇혀 있는 죄수에게 고도는 바깥세상을 상징하며,[15] 나치 치하의 불란서인에게 고도는 당시 해외에서 불란서 해방을 위해 투쟁하고 있던 드골(DeGaull)을 상징한다고 보는 견해도 있다.[16] 휴 케너(Hugh Kenner)는 고도가 고도우(Godeau)라는 이름을 가진 불란서의 한 자전거 선수를 암시한다고 주장했으며,[17] 에릭 벤틀리(Eric Bentley)는 고도를 발자크(Balzac)의 작품 속에 나오는 한 인물과 결부시키기도 한다.[18] 로널드 그레이(Ronald Gray)는 포조가 고도이며, 고고(GoGo)와 디디(DiDi)가 그의 도래를 알아차리지 못한다고 주장하기까지 한다.[19]

그러나 보다 많은 비평가가 공통적으로 제시하는 고도의 상징성은 기독교적인 의미의 신이다. 고도에 대한 기독교적인 의미의 해석 가능성은 프론코(Pronko)의 다음과 같은 설명에서도 찾아볼 수 있다.

> 만약 블라디미르와 에스트라곤이 구세주를 기다리는 인간을 의미한다면 (극 전체에 퍼져 있는 많은 양의 기독교적인 신화를 생각하면 지극히 가능성이 크다고도 할 수 있다) 그들은 아무리 모호 한 것일지라도 어떤 초자연적인 힘에 대한 믿음을 유산의 일부로 물려받은 서구인을 의미하기도 한다. 유태-기독교 전통은 이 힘을 사랑하는 아버지 또는 두려운 신으로 다양하게 묘사해 왔다.

> If Vladimir and Estragon represent humanity waiting for a savior, it is possible (and even extremely probable, considering the large amount of Christian mythology distributed throughout the play) that they represent also the western man who has received as part of his inheritance a belief, however vague, in some supernatural power. The Judeo-Christian tradition has pictured this power variously as a loving father and as a fearful God.[20]

프론코는 고도가 유태교와 기독교가 제시하는 신을 의미할 수 있다고 보는 것이다. 왓슨(Watson)도 이 작품이 "정통 기독교적인 의미"[21]를 지니고 있다고 풀이하고 있으며, 루비 콘(Ruby Cohn)은 고도를 기독교적 의미의 "구원"이나 "저주"와 연관시켜 설명한다.[22]

고도를 기독교적 의미의 신으로 풀이하는 근거는 무엇보다도 이 작품 속에는 예수와 함께 십자가에 못 박힌 두 강도의 이야기를 비롯해서 기독교적인 요소가 풍부하고, 블라디미르와 에스트라곤이 고도를 기다리는 상황이 구세주를 기다리는 기독교인의 상황에 비유될 수 있기 때문이다.[23] 그렇지만 고도를 기독교적인 신을 의미한다고 보기 어려운 요소가 있다. 그것은 작품 속에서 소년이, 고도가 염소를 치는 자신에게는 잘 대해 주지만 양을 치는 자기 동생을 까닭 없이 학대한다고 말하고 있다는 점이다.

블라디미르: 너는 무슨 일을 하지?
소년: 염소를 지키지요.

블라디미르: 무슨 이을 한다 구?
소년: 염소지기입니다.
블라디미르: 고도 선생은 네게 친절하시냐?
소년: 네.
블라디미르: 혹시 너를 때리지는 않든?
소년: 천만에 요. 저를 때리지는 않아요.
블라디미르: 그럼 누굴 때리지?
소년: 제 동생은 가끔 때리시죠.
블라디미르: 동생은 무슨 일을 하지?
소년: 양을 지키지요.

Vladimir : What do you do?
Boy : I mind the goats, Sir.
Vladimir : Is he good to you?
Boy : Yes Sir.
Vladimir : He doesn't beat you?

Boy : No, Sir, not me.

Vladimir : Whom does he beat?

Boy : He beats my brother, Sir.

Vladimir : What does he do?

Boy : He minds the sheep, Sir. (33 A)

이것은 상징적인 의미에 있어서 성경의 내용과는 모순이 된다. 왜냐하면 성경에서 양의 무리는 구원받는 자의 무리에 속하고 염소의 무리는 저주 받은 자의 무리에 속한 것으로 기록하고 있기 때문에,[24] 염소를 치는 소년은 잘 대해 주고 양을 치는 소년의 동생은 매를 때린다고 하는 고도는 기독교적 의미의 신이라고 보기 어렵다. 이외에도 성경에서의 구세주에 대한 기술과는 달리 이 작품 속에서는 고도의 약속의 불확실성이나 고도의 비 신뢰성이 강조되어 있다. 결국 고도는 다양한 해석이 가능한 대상일 뿐 어떤 특정한 한 가지 상징성만을 부여 할 수 없다. 이것은 베케트 자신이 이 작품에 대해 과도한 해석을 하지 말라고 말한 점이나, 이 작품이 미국에서 처음 공연 될 때 감독을 맡았던 알렌 슈나이더(Alan Schneider)가 고도란 무엇이며 어떤 의미를 지니고 있냐고 묻자, 베케트는 자신이 그것을 알고 있다면 작품 속에 그렇게 썼을 것이라고 한 대답 속에서 잘 암시되고 있다.[25] 고도가 구체적으로 누구를, 또는 무엇을 나타내는가에 대해서는 다양한 해석이 나올 수밖에 없고, 다만 블라디미르와 에스트라곤이 자신들을 비참한 처지에서 구원해 줄 것으로 생각하며 끊임없이 기다리는, 막연한 기다림의 대상을 상징할 뿐이다. 그렇다고 한다면 두 주인공이 고도를 기다리는 행동에서 중요한 것은 고도의 상징성이 아니라 기다림의 습관 그 자체라고 볼 수 있다. 고도가 무엇을 상징하든 그것에 대한 기다림은 블라디미르와 에스트라곤의 비참한 현실에 대한 의식을 둔화시키거나 잊게 해주는 중요한 수단이 되어 있기 때문이다. 두 주인공의 고도에 대한 기다림처럼 무엇인가를 끊임없이 기다리는 것은 곧 "인간 존재의 본질적인 특징"[26]이 된다.

다음으로 생각해 볼 수 있는 것은 기다림의 대상인 고도의 성격이다. 고도는 우선 독단적이고 변덕스러운 존재로 묘사되어 있다. 앞에서도 언급했듯이 1막에서는 오늘 저녁이 아니고 내일 틀림없이 오겠다는 전갈이 왔지만 막상 그 내일이 된 2막에서도 고도는 오지 않고 다시 소년만 나타나서 고도는 내일 온다고 말한다. 이것은 고도가 일방적이고 독단적으로 약속을 어기는 존재이며 변덕스러운 속성이 있는 존재일 수도 있음을 암시해 주는 것으로 보인다. 또한 염소를 치는 소년에게는 잘 대해 주지만 양을 치는 소년의 동생에게는 까닭 없이 매질을 하는 점으로 보아 고도가 나타난다고 해도 블라디미르와 에스트라곤에게 다 같이 구세주와 같은 존재가 된다는 보장이 없다.

다음으로 생각할 수 있는 것은 고도가 나타났다고 가정할 경우 고도는 절대적인 권위를 행사하게 되며 상대적으로 블라디미르와 에스트라곤은 모든 권한을 빼앗긴 채 고도 앞에서 노예와 같은 신분이 될 것이라고 묘사되어 있다는 점이다.

> 에스트라곤: 우리의 처지는 어떻게 되는 거지?
> 블라디미르: 처지라고?
> 에스트라곤: 천천히 생각해봐.
> 블라디미르: 처지라고? 손과 무릎으로 기는 거지.
> 에스트라곤: 그렇게 안 좋은가?
> 블라디미르: 각하께서는 자신의 특권을 주장하시길 바래.
> 에스트라곤: 우리는 더 이상 아무런 권리도 없는가?

> Estragon : Where do we come in?

Vladimir : Come in?

Estragon : Take your time.

Vladimir : Come in? On our hands and knees.

Estragon : As bad as that?

Vladimir : Your Worship wishes to assert his prerogatives?

Estragon : We've no rights any more? (13-13 A)

이 인용문은 고도가 나타났다고 가정할 경우, 두 주인공들은 고도에게 모든 권한을 빼앗긴 채 마치 비참한 종의 신분과도 같은 처지가 될 것을 암시하고 있다. 1막과 2막에서 등장하는 포조와 럭키의 주종 관계도 고도와 두 주인공과의 관계를 암시한다고 볼 수 있다. 포조는 종인 럭키의 목에 밧줄을 감아 끌고 다니며 회초리를 들고 잔인하게 럭키를 다룬다. 럭키는 포조 앞에서 모든 권한을 빼앗긴 채 혹사당하는 존재이다.

포조가 등장할 때마다 블라디미르나 에스트라곤은 포조를 고도로 잠시 착각하는데 이것은 암시적인 내용이라고 볼 수 있다. 포조가 처음 등장하기 전에 블라디미르와 에스트라곤은 그들과 고도와의 관계에 대해 다음과 같이 이야기한다.

에스트라곤: (입안을 가득 채운 상태로, 멍하니)
우리는 얽매여 있지 않나?

블라디미르: 자네가 하는 말을 못 알아듣겠네.

에스트라곤: (씹어 삼킨다) 우리가 얽매여 있지 않느냐고 물어 본 거야.

블라디미르: 얽매여 있다고?

에스트라곤: 얽매여 있지.

블라디미르: 얽매여 있다는 것이 무슨 뜻이지?

에스트라곤: 붙잡혀 있다는 뜻이지.

블라디미르: 하지만 누구에게? 누구에 의해서?

에스트라곤: 자네가 말하는 사람에게 말이야.

블라디미르: 고도에게? 고도에게 얽매여 있다고? 멋진 생각인데! 그야 물론 이지. (사이) 잠시 동안은.

Estragon : (*his mouth full, vacously*) We're not tied?

Vladimir : I don't hear a word you're saying.

Estragon : (*chews, swallows*) I'm asking you if we're tied.

Vladimir : Tied?

Estragon : Tied.

Vladimir : How do you mean tied?

Estragon : Down.

Vladimir : But to whom? By whom?

Estragon : To your man.

Vladimir : To Godot? Tied to Godot? What an idea! No questionof it. (*pause*) For the moment. (14-14A)

잠시 후에 잔인하고 독단적인 포조가 등장하고 무거운 짐을 진 럭키도 비틀거리며 무대에 등장한다. 그리고 두 주인공이 포조에게 건넨 최초의 말은 혹시 포조가 고도가 아닌가 묻는 것이다. 이것은 포조가 고도가 아닌 것은 확실하고 다만 만약 고도가 존재한다면 고도는 성격상 포조와 대단히 유사한 측면도 있을 수 있음을 암시하고 있다. 럭키가 포조에게 절대적 권위를 부여한 채 모든 자유와 권리를 박탈당하고 비참한 종의 신분으로 살아가듯이, 고도가 나타났다고 가정할 때 블라디미르와 에스트라곤도 고도에게 절대적 권위를 부여한 채 마치 럭키와 같은 종의 신분으로 살아갈 수밖에 없으리라고 암시되어 있는 것이다. 따라서 작품에 등장하는 포조와 럭키의 이 같은 비참한 주종 관계는 블라디미르나 에스트라곤의 고도에 대한 기다림이나 희망에 대한 하나의 비관적 암시로 볼 수 있다. 결국 지금까지 살펴본 몇 가지 이유 때문에 두 주인공이 고도를 기다리는 일은 극히 부조리하며 무의미한 행동이 될 수밖에 없다고 볼 수 있다.

『고도를 기다리며』에서 언어는 진정한 의사소통의 기능을 수행하기보다는 단지 침묵을 피하기 위한 방편으로 이용되는 경우가 많다. 침묵은 비참한 존재 조건에 대한 의식으로 이어질 수 있기 때문이다. 아울러 언어 자체가 고도를 기다리는 지루한 시간을 메우기 위한 일종의 유희가 되고 있다. 따라서 두 주인공은 감정이나 정보를 전달하기보다는 마치 무슨 놀이처럼 어떤 일정한 형태로 말하는 것에 서로 협력하는 장면이 많다.

다음 장면은 이들이 나누는 대화의 주된 동기가 침묵을 피하기 위한 것임이 드러난다.

에스트라곤: 그 동안 우리 조용히 얘기나 나눠 보세. 우린 말없이 있을 수는 없지 않는가.
블라디미르: 자네 말이 맞네. 우리는 지칠 줄 모르니까.
에스트라곤: 생각을 않기 위해 그런 거지.
블라디미르: 우리는 그런 핑계를 가지고 있지.
에스트라곤: 말소리를 듣지 않기 위해 그런 거야.
블라디미르: 우리로서는 우리 나름의 까닭이 있지.
에스트라곤: 모든 시들어간 목소리들.
블라디미르: 그런 것들 이 날아가는 날개처럼 소리를 내고

있네.

에스트라곤: 나무 잎처럼.

블라디미르: 모래알 마냥.

에스트라곤: 나무 잎처럼.

(침묵이 흐른다) . . . .

블라디미르: 타고남은 재 마냥.

에스트라곤: 나무 잎처럼.

(긴 침묵이 흐른다.)

블라디미르: 말을 좀 하게.

에스트라곤: 하려고 하네.

(긴 침묵이 흐른다.)

블라디미르: (몹시 괴로운 듯) 이봐, 말 좀 해 보게.

Estragon : In the meantime let us try and converse calmly, since we are incapable of keeping silent.

Vladimir : You're right, we're inexhaustible.

Estragon : It's so we won't think.

Vladimir : We have that excuse.

Estragon : It's so we won't hear.

Vladimir : We have our reasons.

Estragon : All the dead voices.

Vladimir : They make a noise like wings.

Estragon : Like leaves.

Vladimir : Like sand.

Estragon : Like leaves.

Silence. . . .

Vladimir : Like ashes.

Estragon : Like leaves.

Long silence.

Vladimir : Say something!

Estragon : I'm trying.

Long silence.

Vladimir : (*in anguish*). Say something at all! (40-40A)

여기서 이들은 자신들의 끊임없이 중얼거리는 목소리가 모래나 나뭇잎이나 타고남은 재처럼 무의미하고 메말라 있음을 인식하고 있다. 여기서 이들의 대화는 주로 상대방이 하는 말의 변형에 지나지 않는 환치의 형태가 되어 있다. 이들은 어떤 의미 있는 대화를 하기 보다는 오직 침묵을 하지 않기 위해 단어만 환치시키고 있을 뿐이다. 이들은 침묵을 피하기 위해 무엇이든 필사적으로 말하려고 시도하고 있는 것이다. 침묵은 이들에게 존재의 고통을 의식하게 하기 때문이다.[27]

그러나 이들은 침묵을 효과적으로 극복하지 못한다. 위에 인용된 내용에는 침묵이라는 무대 지문이 나오는 곳(중간에 생략된 인용 부분 포함)이 여섯 군데나 있다. 이것은 곧 이들의 집요한 노력에도 불구하고 언어를 통한 침묵의 탈피는 한계가 있음을 의미한다. 가능한 한 무엇이든지 말을 함으로써 침묵이 존재의 조건에 대한 의식으로 이끄는 것을 막으려는 이들의 시도는 실패할 수밖에 없다.

이 작품에는 언어의 토대가 되는 지식의 부조리성도 자주 드러난다. 예를 들어 이들이 나누는 대화의 토대가 되는 지식의 쓸모없음이 몇 가지 방식으로 노출되어 있다. 우선 등장인물이 소유하고 있는 정보가 너무도 불완전해서 만족할 수 없다. 블라디미르의 성서에 대한 지식은 너무 모호해서 그의 삶에 그 어떠한 확실성도 더해 줄 수 없고 그로 하여금 그의 존재 방식을 이해할 수 있게 하거나 그의 미래를 예측할 수 있게 할 수도 없다. 동시에 인간이 축적해 온 역사 기록 역시 믿을 수 없음이 강조되어 있다.[28] 등장인물이 소유하고 있는 그 어떤 지식도 그들이 살아가고 있는 존재 방식의 종류에 의해 아이러니컬하게 제시되어 있다. 지식 있는 인간이 품위 있고 고상한 존재로 묘사되기보다는 오히려 조소 거리가 되어 있다. 박식한

떠돌이 럭키가 광대라고 하는 것이 이 점을 잘 나타내 준다. 그는 다른 인물들이 무료한 시간을 보내는데 도움이 되는 광대의 기능을 하고 있으며, 그의 장광설이 보여 주듯, 그의 지식은 논리성을 상실한 횡설수설의 형태를 취하고 있다. 지식 역시 단지 존재의 무료함을 달래기 위한 하나의 기분 전환 거리에 지나지 않을 뿐, 존재의 근원적인 문제를 해결 하는 데는 도움이 되지 못하고 있다.

다음 장면은 블라디미르와 에스트라곤이 고도를 기다리면서 느끼는 역겨운 권태와 지루함을 견디지 못하고 그것을 잊기 위해 일종의 유희로서 주고받는 대화를 보여 준다.

블라디미르: 바보!
에스트라곤: 그것 좋은 생각이군. 우리 서로 욕을 해 보세. (둘은 돌아선다. 서로 멀리 떨어진다. 또 돌아선다. 그리고 서로 마주 선다.)
블라디미르: 바보!
에스트라곤: 악충!
블라디미르: 병신!
에스트라곤: 아편쟁이!
블라디미르: 하수도 쥐새끼!

에스트라곤: 부젓가락!
블라디미르: 천치!
에스트라곤: (끝을 맺듯이) 비평 장이!
블라디미르: 오!

Vladimir : Moron!
Estragon : That's the idea, lets abuse each other.
(*They turn, move apart, turn again and face each other.)*
Vladimir : Moron!
Estragon : Vermin!
Vladimir : Abortion!
Estragon : Morpion!
Vladimir : Sewer-rat!
Estragon : Curate!
Vladimir : Cretin!
Estragon : (*with finality*). Crritic!
Vladimir : Oh! (48A)

그러나 이와 같은 게임 형태의 대화는 길지 못하며 곧 바로 이들은 고도를 기다리는 동안 무엇을 해야 할 것인가를 다시 궁리하지 않으면 안 된다.(49) 이처럼 블라디미르와 에스트라곤은 어린이들이나 주고받을 수 있는 이 같은 말장난을 통해 역겨운 삶의 지루함을 잊고, 아울러 자신들의 고독과 삶의 무의미성을 자각하게 해주는 견딜 수 없는 침묵을 피하려 하고 있는 것이다. 그러나 이들에게 침묵의 심연과 삶의 지루함은 끊임없이 되돌아올 뿐이다. 그래서 블라디미르가 에스트라곤에게 던지는 "무슨 말 좀 해보게!"(40A) 또는 "제발 무슨 말 좀 해보라니까!"(41)와 같은 간청은 몇 번이고 반복될 수밖에 없다.

이상에서 살펴보았듯이, 베케트가 이 작품에서 묘사하고 있는 인간 상황은 혼돈과 불안을 극복할 수 없는 상황이며, 고통스런 존재의 조건만 끝없이 되풀이 될 것으로 보이는 비관적인 상황이다. 인간은 자아의 상실을 견딜 수 없고, 따라서 두 주인공은 끊임없이 자아의 정체성과 현실에 대한 확인을 시도해 보지만 실패할 수밖에 없다. 시간의 작용 속에 인식의 대상이나 인식의 주체가 변해버리기 때문이며, 과거의 실존은 현재 속에 완벽하게 재현될 수 없기 때문이다. 두 주인공이 자신을 비참한 현실로부터 구해 줄 것으로 막연히 믿고 기다리고 있는 고도는 오지 않을 것으로 보이고, 설령 온다고 하더라도, 이들 모두에게 구원이 보장되는 것도 아니다. 베케트가 존재의 현실로부터 의식을 돌리게 하는 인간 최대의 본질적 습관인 기다림의 행동에 대해, 고도에 대한 기다림이라는 상징적 비유를 통해, 하나의 비관적인 시각을 제시하고 있는 것이다. 두 주인공이 구사하고 있는 언어도 침묵의 심연과 삶의 권태를 피하기 위해 주로 의미 없는 환치나 말장난 등의 형태로 사용되고 있다. 그러나 이와 같은 언어 구사 역시 존재의식 탈피에는 효과적인 수단이 되지 못하고 있다.

Ⅲ. 『승부의 종말』 : 허구적 존재양식

『고도를 기다리며』의 두 주인공이 고도에 대한 부조리한 기다림을 단념하지 못하고 있는 반면, 『승부의 종말』(*Endgame,* 1957)에는 누군가가 올 것이라는 기대 자체가 더 이상 존재하지 않는다. 프레드릭 호프만(Frederick J. Hoffman)은 『승부의 종말』을 "고도(Godot)로부터 죽음을 향해 일보 전진해 있는 상태"[1]라고 간주한다. 『승부의 종말』의 인물은 『고도를 기다리며』의 인물보다 물리적, 신체적 조건이 더욱 악화된 고통스런 상황 속에 놓여 있고, 존재의 그 무엇에 대한 희망도 포기한 채 오직 죽음이 닥치기만을 기다리고 있다. 그러나 죽음은 아직 이르지 않았고, 이들은 주로 연극적 언행, 환상, 기억, 스토리의 창조 등에 몰두함으로써 존재의 고통을 극복하려고 한다. 이 장에서는 먼저, 존재의 고통과 죽음의 갈망이라는 두 가지 주된 주제가 이 극 속에서 어떻게 강조되어 있는가를 살펴보고, 이 같은 주제가 지배하는 상황 속에서 등장인물들이 집착하는 존재 양식의 성격을 분석하겠다. 아울러 이 같은 존재 양식이 이들을 고통스러운 존재 조건으로부터 근원적으로 구해 줄 수는 없다는 것이 이 작품에 담긴 작가의 의도임을 밝히고자 한다.

『승부의 종말』에서는 삭막한 분위기로 가득 찬 하나의 방이 무대 배경으로 되어 있다. 여기에는 특이한 상황에 처해 있는 네 인물이 등장한다. 노부부인 네그(Nagg)와 넬(Nell)은 두 개의 쓰레기통에 갇혀 있고, 간혹 고개만 내밀면서 캔디를 달라고 한다. 이들의 아들 햄(Hamm)은 눈이 멀고 걸을 수 없는 불구자이다. 그는 모든 것을 클로브(Clov)에게 의지하고 있고, 클로브만이 방 이곳저곳을 돌아다닐 수 있는 인물이다. 그러나 클로브는 앉을 수가 없는 인물이다. 클로브는 계속해서 사다리를 이쪽 창문에서 저쪽 창문으로 옮기며 밖을 내다보고 햄에게 "모든 것은 무"[2]라고 보고한다. 이들 네 명의 인물들은 『고도를 기다리며』의 인물들처럼 존재의 구체적인 배경이 결여되어 있다. 『승부의 종말』의 삭막한 방 바깥의 세상 또한 정체가 불확실하다. 클로브가 유리창을 통해 내다보는 세계는 한쪽은 바다이고 한쪽은 육지이다. 클로브와 햄의 관계에 대해서도 클로브가 햄의 양자라는 것 외에는 아무 것도 알려져 있지 않다. 이들 역시 극도로 고통스러운 상황 속에서 삶에 대한 희망을 포기한 채 살고 있는 보편적 인간으로 볼 수 있다.

『승부의 종말』의 시작 부분은 관객에게 명백히 고통을 겪고 있는 등장인물의 모습을 보여 주며, 이것은 관객에게 전체의 공연 과정이 끝나기를 바라는 마음을 처음부터 일깨워 준다고 해도 과언이 아닐 정도이다. 시작 부분의 지문과 첫 대사는 등장인물들의 모습과 함께 관객의 상상력을 두 가지 이미지에 쏠리게 한다. 그것은 고통스러운 현실 및 종말에 대한 이미지이다. 이 두 가지를 이 작품의 초점이 되게 하는 요소로서는 이상한 "회색 빛"(1)이 비치는 삭막한 내부에서 클로브가 고통스럽게 다리를 절며 무대를 가로질러 가는 모습, 얼굴을 피묻은 손수건으로 가리고 있는 햄의 모습, 햄의 의자 곁에 불길한 모습으로 놓여 있는 쓰레기통 등의 모습이다. 이와 같은 장면이 불러일으키는 분위기는 클로브의 첫 대사로 인해 더욱 강조되어 있다.

클로브: (시선을 고정시킨 채, 아무 감정 없이.)

끝났다, 끝이 난 거야, 끝난 거나 다름없지, 거의 끝났음에 틀림없어.

(사이.) . . . .

나는 더 이상은 처벌을 받지 않게 된다. (1)

Clov : (*fixed gaze, tonelessly*)

Finished, it's finished, nearly finished, it must be nearly finished.

(*Pause.*) . . . .

I can't be punished any more. (1)

이처럼 시작 부분에서부터 이 극은 마치 등에 스스로의 시체를 메고 가듯, 고통의 주제와 고통의 종식에 대한 갈망 즉, 죽음에 대한 갈망의 주제를 전개시키고 있다. 이들 주제는 다양한 암시들에 의해 강조되어 있는데, 이 가운데 중요한 것이 성서적 인물과 사건의 언급이다. 햄이라는 이름은 노아(Noah) 가족을 연상시킨다. 세상의 파괴와 재창조에 관한 노아의 홍수 이야기 속에서, 햄은 아버지에게 저주받은 아들이다.[3] 베케트는 이것을 아이러니컬하게 뒤집어 아들 햄이 자기 아버지를 "빌어먹을 조상"(9)으로 저주하게 한다. 이것은 햄이 존재 자체를 고통으로 간주하고 있음을 의미한다. 더욱이 등장인물이 처한 상황이 완전한 파괴의 상황으로 마치 대홍수로 인한 세상의 파괴와도 흡사하다. 홍수 걷힌 바깥세상의 소식을 알아보기 위해 노아가 내보내는 새처럼 클로브는 방의 작은 틈으로 바깥 땅과 바다를 내다보고 모든 것이 "무"(29)인 것과 "모든 것이 죽어 있음"(30)을 보고한다. 베케트는 종말과 관련된 이 같은 성서적 이야기의 반향을 통하여 그의 등장인물에게 현재의 상황이 종말에 가까워지고 있을지 모른다는 의미를 암시하고 있다.[4]

두 개의 다른 성서적 암시 역시 동일한 주제를 강조해 주고 있다. 선지자 다니엘(Daniel)과 왕실 홀에 쓰여진 이상한 글씨와 관련된 벨사샤(Belshazzar) 왕의 연회장 이야기는 클로브가 벽을 보기 위해 부엌에 간다고 말할 때 도입된다. 클로브가 벽을 보러 부엌에 간다고 말한 것에 대해 햄은 빈정대듯 묻는다: "벽에서 무엇을 보는가? 메네, 메네인가?"(12) 여기서도 종말의 주제가 도입되어 있다. 왜냐하면 다니엘이 "메네"는 "하느님이 네 왕국의 끝 날을 다 헤아렸도다"[5]를 의미한 것으로 풀이했기 때문이다. 고통의 주제는 구약 『예레미아』서에 나오는 폐허가 된 예루살렘에 대한 애가와 신약의 그리스도 수난에 대한 인유를 통해 다시 등장한다. 전자는 "나의 것보다 더한 비참함이 있을 수 있겠는가?"(2)라는 햄의 질문으로 반향 되고, 후자는 베로니카(Veronica)의 수건을 연상시키는 햄의 손수건과 "다 이루었다"[6]를 연상시키는 "끝났다, 거의 끝났다"(1)라는 클로브의 선언에 의해 도입되어 있다. 이처럼 『승부의 종말』에는 등장인물들이 극도로 고통스런 조건 속에서 존재의 종말만을 기다리는 절망적인 상황이 존재의 저주, 세상의 완전한 파괴, 십자가의 수난과 같은 성서적 사건의 언급과 무대 이미지를 통해 강조되어 있다.

『고도를 기다리며』의 관객은 자신이 한 편의 극을 보고 있다는 사실을 자주 상기하게 된다. 『승부의 종말』은 이보다 더 일관되게 무대 위 상황의 연극적 본질을 관객에게 확인시킨다. 관객이 처음 보게 되는 광경은 극이 아직 시작되지 않은 하나의 조용한 무대이다. 한 무대 담당 원이 들어와서 소도구를 점검하고 배열한다. 관객은 보다 전통적인 연극에서 막이 오르기 전의 무대 모습이 될 수 있는 것을 한 번 힐끗 바라보도록 허용된다. 이런 식으로 베케트는 처음부터 관객에게, 무대 위에 전개될 이 극의 내용이 삶이 아니라 삶의 극화라고 하는 점을 주지시킨다. 극이 공연되고 있는 동안 무대 위에 전개되는 사건을 실제 삶으로 보아주도록 요구하는 전통적인 극 형식과 달리 이 극이 삶의 극화임을 강조하고 있는 것이다. 이것은 극중 인물들의 존재양식의 한 특징을 강조하기 위한 것이라고 볼 수 있다. 다시 말해서, 만약 무대 위에서 발생하고 있는 행동이 솔직히 연극이라면 이 행동에 참여하고 있는 자들은 당연히 배우이며 가상의 정체성 속에 살고 있다고 볼 수 있다. 『승부의 종말』은 극의 시작 부분에서부터 이 점을 강조하고 있는 것이다.

『승부의 종말』은 등장인물들이 배우들처럼 가상의 정체성 속에서 정해진 규칙에 따라 행동하고 있음을 암시하기 위해 대사가 연극적인 용어로 가득하다. 즉, 퇴장, 오디션, 방백, 독백, 대사와 같은 용어들이 등장인물들의 대사 속에 많이 등장한다. 이 극에 대한 등장인물 스스로의 평가도 나오고 있다. 햄은 "이것은 진행이 느리군,"(12) "잘 됐어"(51)라고 비평한다. 햄은 이름이 암시하듯 서투른 배우이다.[7] 그의 최초의 대사는 "내가--(하품한다.)--연기할 차례지"(1)이다. 그는 극이 끝나 가는 대목에서, "나의 마지막 독백을 준비하고 있지"(78)라고 말한다. 극의 종말에서는 그가 관객에게 호각을 던지면서 "내 인사와 함께"(84)

라고 말하기도 한다.

클로브, 내그(Nagg) 및 넬은 그의 관객이다.[8] 클로브는 "이 쓸데없는 소극을 왜 날마다 해야 하는 겁니까?"(32)라고 말하며 자신의 역할에 회의와 불만을 표하기도 한다. 햄은 내그와 넬을 자신의 공연을 보아주도록 사탕을 주고 매수하기도 한다. 이처럼 이 극 속에서 등장인물이 배우임이 자주 암시되는 것은 극화된 삶의 모습, 즉 가상의 정체성은 이들이 존재의 고통을 잊기 위해 의존하는 주요한 존재 양식의 하나임을 강조하기 위한 것이라고 볼 수 있다.[9]

햄의 서지 못함과 클로브의 앉을 수 없음을 가리켜 햄은 "누구나 특기가 있지"(10)라고 말한다. 그의 말은 신체적으로 특수한 자신의 조건을 구체적으로 가리키고 있을 뿐 아니라, 등장인물들이 연기하도록 부여받은 서로 다른 역할도 가리킨다. 내그는 배우인 햄의 아버지일 뿐만 아니라 그 자신 이야기꾼이기도 하다. 그의 주된 이야기는 한 재단사에 관한 이야기인데 내그는 이야기를 극적인 효과에 주의를 기울이며 전달한다.

비록 넬은 그 어떤 발전된 이야기는 말하지 않고 있지만 그녀의 대사 내용에 극적인 분위기가 전혀 없는 것은 아니다. 그녀는 가장 세속적인 대사의 한가운데서도 연극조의 톤을 띤다. 내그가 이제 막 이빨 하나를 잃었다는 것을 설명할 때, 그리고 전날 그녀가 그를 할퀴었다고 상기시켜 줄 때, 그녀의 반응은 두 번 모두 연극적 어투인 "아, 어제였던가!"(20) 이다. 그러나 내그와 넬 두 사람은 너무 쇠약해져서 이들의 특수한 존재양식 속에서 햄이나 클로브 같은 주된 역할은 하지 못하고 있다. 이들은 주로 다른 사람이 연기하는 것에 대한 구경꾼의 역할로 축소되어 있다. 이 역할에서마저도 이들은 열성적이지 못하다. 내그가 햄의 이야기를 들어보도록 설득 당하는 것도 단지 뇌물에 의해서이다. 내그와 넬의 관객 역할 역시 등장인물들의 전체적인 존재양식이 일종의 연극임을 암시하고 있다.

클로브도 자신의 특별한 역할을 가지고 있다. 클로브는 이 극에서 주역을 맡지는 않는다. 대신 그는 무대를 정리하는 무대 담당원이고 햄의 대사에 틀과 코멘트를 제공하는 한 사람의 조연배우의 역할을 한다. 그의 기능은 새로운 소재를 도입하는 것이 아니고 주어진 신호에 재빨리 반응하는 것이다. 그는 주인의 호각을 기다린다. 이 극의 처음 부분에서부터, 그는 규정에 따라 기계적으로 움직인다.

클러브는 왼쪽 창가로 걸어가서 선다. 뻣뻣하고 비틀거

리는 걸음걸이. 그는 왼쪽 창문을 올려다본다. 그는 돌아서서 오른쪽 창을 바라다본다. 그는 오른쪽 창께로 걸어가서 선다. 그는 오른쪽 창문을 올려다본다. 그는 몸을 돌려 왼쪽 창문을 바라다본다. . . .

클로브는 햄을 들여다본다. 짧게 웃는다. 그는 문을 향해 다가가 멈춰 서더니 객석을 향해 돌아선다.(1)

Clov goes and stands under window left. Stiff, staggering walk. He looks up at window left. He turns and looks at window right. He goes and stands under window right. He looks up at window right. He turns and looks at window left . . . .

Clov looks him over. Brief laugh. He goes to door, halts, turns towards auditorium. (1)

클로브의 이 같은 극히 제한되고 정해진 동작은 등장인물이 할 수 있는 움직임에 대한 제약과 함께 승부의 종말이 체스게임에 대한 하나의 상징적 비유로도 이해될 수 있다는 이론을 뒷받침한다.[10]

콘(Cohn)은 1967년에 베케트가 베를린에서 이 작품의 공연을 직접 연출했을 때 햄을 "처음부터 져 있는 체스 게임의 킹"[11]으로 표현한 것으로 기술하고 있다. 체스 게임의 마지막 단계로서의 이 극은 베케트의 인식론을 나타낸다고 볼 수 있다. 즉, 논리적인 수단을 통해 그 무엇에 대한 결론에 도달하려는 시도는 헛되다는 것이다. 왜냐하면, 존재의 의미와 벌이는 논리의 상징인 체스 게임에서 햄은 명백히 지고 있기 때문이다.[12] 이 극의 배경인 작은 방은 외부 세계로부터 단절되어 있는 듯한 모습이며, 이 제한된 공간 속에서 정해진 룰에 따라 행동하고 있는 등장인물들의 상황은 체스에서 코너에 몰린 말들을 연상시킨다. 킹으로 볼 수 있는 햄과 기사로 볼 수 있는 클로브는 움직일 수 있는 가능성이 극도로 제약된 상태에 있다. 쓰레기통에 갇혀 있는 내그와 넬은 체스 게임에 이제는 더 이상 의미 있게 참여하지 못하는 두 개의 말처럼 보인다. 내그와 넬이 흰 얼굴을 하고 있는 것도 이들이 존재의 게임에 의미 있게 참여하지 못하고 있음을 상징적으로 암시하고, 햄과 클로브가 붉은 얼굴을 한 것은 존재의 게임에 적극 참여하고 있으며 지적 고뇌를 겪고 있음을 상징적으로 암시한다. 이미 진 것이 확실해진 상황에서 햄은 한없이 지루하고 고통스러운 게임이 끝나기를 갈망한다.[13] 햄은 항상 주변에서 죽음의 징후를 찾으려 하는데, 이것은 자신의 고통스런 존재에 대한 종말만을 기다리고 있는 햄에게는 하나의 희망적인 요소이기 때문이다.

클러브: (고뇌에 차서 자신을 긁어대며) 벼룩이 한 마리 있는데!
햄: 벼룩이 한 마리라! 아직도 벼룩이 있단 말인가?
. . . .
햄: (매우 당황해 하며)
그렇지만 인간은 거기서부터 송두리째 다시 시작될지도 몰라!
그놈을 잡아, 신의 사랑을 위해서 말이야!(33)

Clov : (*anguished, scratching himself*) I have a flea!
Hamm : A flea! Are there still fleas?
. . . .
Hamm : (*very perturbed*) :
But humanity might start from there all over again! Catch him, for the love of God! (33)

여기서 햄은 벼룩과 같은 미세한 생명체의 출현마저도 용인하지 않으려 한다. 햄은 존재의 종말을 기다리며 자신의 주변에서 죽음의 징후만을 발견하고 싶기 때문이다. 따라서 클로브가 망원경으로 밖을 살피고 나서 "무"라고 햄에게 보

고하는 것도 사실은 항상 죽음에 대한 희망을 발견하고자 하는 햄이 듣고 싶어 하는 말일 수 있다.[14]

이들의 존재 방식에 대한 가능성의 제약성은 진통제나 캔디와 같은 사물의 소진과 등장인물의 신체적 쇠퇴에 의해 상징적으로 강조된다.[15] 체스의 말과도 같은 등장인물은 시간이 흐를수록 존재양식의 가능성이 축소되어 가는 것이다. 앞에서도 보았듯이, 내그와 넬은 쓰레기통에 몸통만 갇혀 있는 상태이다. 햄은 걸을 수가 없으며 소경이다. 클로브는 앉지 못하며 심하게 절뚝거린다. 체스 판의 말이 지닌 한계성은 이 같은 인간 조건에 대한 상징적 비유가 된다고 볼 수 있다.

그렇다면 만약 삶이 하나의 연극으로서나 하나의 게임으로서 경험될 때 개인적인 정체성에는 무슨 일이 일어날 것인가를 생각해 볼 필요가 있다. 마이클 홀퀴스트(Michael Holquist)의 유토피아 연기법("How to Play Utopia")[16]는 이 문제에 어느 정도 흥미 있는 관찰의 토대를 제공한다. 홀퀴스트는 체스 게임을 유토피아의 다양한 체제의 구조와 비교한다. 그리고 그는 이 두 가지가 많은 공통된 요소를 지니고 있음을 발견한다. 비록 그는 드라마 작품들은 다루고 있지 않지만 『승부의 종말』 세계의 인습은 홀퀴스트가 기술하는 인습과 유사하다. 왜냐하면 『승부의 종말』 세계의 체제는 비록 아무리 음울해 보인다 할지라도 매우 세밀하게 인지된 계획의 일부로 보이기 때문이다.

홀퀴스트에 따르면 체스와 유토피아의 기본적인 특징 중의 하나가 자유의 결여이다. 행동은 기계적이고 존재는 불변의 규칙에 따라 행해진다.[17] 『승부의 종말』에서 이 같은 분석은 엄격한 패턴에 따라 움직이고 신호에 따라 왔다 갔다 하는 클로브의 행동에도 적용될 수 있다. 마치 연극이나 체스 게임과도 같은 『승부의 종말』의 존재 방식에는 유토피아의 세계처럼 자유가 결여되어 있다.

> 유토피아의 세계는 체스 게임처럼 경험의 세계와 대비되어지는 그 자체만의 시간과 장소를 갖고 있다. 마치 체스게임이 자체의 규칙에 의해 삶과 분리되듯이 유토피아의 세계도 그 자체의 규칙에 의해 삶으로부터 단절된다.

> Utopia, like chess, has its own time and place, which are set over against the world of experience. Just as chess is separated from life by its convention, utopia cuts itself off from life by conventions of its own.[18]

유토피아는 보편적인 삶의 현실로부터 차단된 채, 마치

체스 게임처럼 자체적으로 정해놓은 독특한 존재 양식을 유지하는 것이다. 홀퀴스트의 유토피아에 대한 설명 중 『승부의 종말』에 적용될 수 있는 또 하나의 언급은 유토피아적 시간의 특징이다.

그러나, 이 모든 유토피아적인 시간들의 두드러진 점은 그것의 독단적으로 편입시키는 특성이다. 유토피아적인 시간은 심지어 우리의 인공적인 시간 보다 너 철서한 하나의 규정이다. 따라서, 유토피아에서 과거, 현재, 미래를 말하는 것은 어떤 의미에서 잘못이다. 만약 우리가 유토피아 세계의 시간을 하나의 단일 실체로 인지한다면, 그것의 두드러진 특징이 보다 명백해진다. 즉, 그것은 단지 어떤 특정한 종류의 사색을 가능케 하는 하나의 도구로서만 존재한다는 점이다.

What is distinctive about all these utopian times, however, is their subsuming quality of arbitrariness. Utopian time is more utterly a convention than is even our artificial clock time. Thus it is in a sense misleading to speak of past, present, and future in utopia. If we conceive of utopian time as a single entity, its distinguishing feature becomes more readily apparent: it exists only as an enabling device for a certain kind of speculation.[19]

유토피아적 시간의 특징은 과거나 현재 또는 미래를 구분한다는 것이 의미가 없을 정도로 임의적이라는 것이다. 작은 방으로 제한되어 있는 『승부의 종말』의 세계는 유토피아의 세계처럼 외부세계로부터 공간적으로 단절되어 있는 형태의 삶이다. 더욱이 시간은 유토피아에서의 임의적인 시간처럼 어떤 의미가 없다.

햄의 "지금 몇 시지?"(4)에 대한 클로브의 답변은 항상 "늘 그 시간이오"(4)이다. 시간은 단지 하나의 인습이고, 의미 있는 변화의 가능성이 시간에 하나의 의미를 부여했던 과거 시대의 한 유물일 뿐이다.[20]

배우나 체스의 말에 비유되어 있는 『승부의 종말』 인물들의 존재양식이 갖는 또 한 가지 특징은 생명력이 결여되어 있다는 점이다. 연극은 삶의 모방이고, 체스는 전투의 모방이다. 체스의 말이 단순화되고 특정한 존재방식이 주어지듯이 『승부의 종말』의 등장인물들도 단지 규칙에 따라 움직이는 특정한 존재 양식 속에 살고 있다. 이것은 이들이 행하는 예측할 수 있는 의식뿐만 아니라 각자가 담당하는 대단히 일관성 있고 명백한 역할에 의해서도 시사되어 있다.[21] 실제의 삶은 그처럼 정교하고 지속적인 추상작용을 허락하지 않으며, 바깥에 소년이 등장하는 것에 그들이 놀라는 모습에서 우리가 알 수 있듯이, 자신들의 허구적 존재 양식을 파괴할 수 있는 그 어떤 새로운 삶의 암시도 이들 인물에게는 위협적인 것이 된다. 이것이 존재의 현실을 의식하게 할 것이기 때문이다. 결국, 『승부의 종말』에서 등장인물들이 따르고 있는 연극적, 유토피아적 존재방식은 이들이 비참한 현실에 대한 의식을 피하기 위해 가상의 현실을 구축하고 있음을 의미한다.

『승부의 종말』에는 존재의 종말을 기다리는 동안 삶의 고통과 지루함을 극복하기 위해 등장인물들이 의지하는 또 다른 수단으로서 환상과 기억이 있다. 그러나 등장인물들의 다양한 환상과 기억은 이들에게 공간적, 신체적 제약으로부터 만족스럽지 못한 탈출 수단을 제공한다. 방대한 폐허 속에 둘러싸인 작고, 침울한 방에 갇혀 있는 상태에서, 등장인물들의 상상력은 그들에게 자유롭게 이동하며 탐구할 수 있는 보다 역동적인 세계를 제공하는 것처럼 보이기는 한다. 그러나 이것도 한 순간의 탈출 시도의 환상으로 끝날 뿐이다.

햄: (열정적으로) 여기서 나가자, 우리 둘이! 남쪽으로!
너는 뗏목을 만들 수 있고 조류는 우리를 날라다

줄 거야. 멀리, 아주 멀리, 또 다른 포유 동물이 . . . 사는 곳으로!

클로브: 그렇게는 안돼요.

햄: 혼자서, 나 혼자서라도 출항하겠어! 뗏목 만드는 일을 당장 시작해. 나는 내일 영원히 떠날 거니까. (34-35)

Hamm : *(with ardour)*:

Let's go from here, the two of us! South! You can make a raft and the currents will carry us away, far away, to other . . . mammals!

Clov : God forbid!

Hamm : Alone, I'll embark alone! Get working on that raft immediately. Tomorrow I'll be gone for ever. (34-35)

여기서 햄은 잠시 존재의 고통과 단조로움을 잊기 위해 자유롭게 뗏목을 타고 모험을 즐기는 자신의 모습을 환상 속에 그려보고 있다. 한 순간, 그의 환상은 그에게 사실인 것처럼 느껴지고, 모험의 생각으로 인한 그의 흥분은 클로브에게 전달되며 클로브는 여행 준비를 하기 위해 달려간다. 그러나 이 흥분은 일시적인 것으로 끝난다. 햄은 이것이 불가능할 수밖에 없는 자신의 현실에 대한 자각이 깊어지기 전에, 일상적인 의식의 둔감함으로 되돌아가기 위해 클로브에게 진통제를 요구한다(35).

또 어떤 때는 그의 환상을 만들어 주는 것이 자유나 모험에 대한 갈망이 아니고 자연이 아직 살아 있는 세상에 대한 갈망이다.

햄:

우리가 이곳 구멍 속 같은 아래쪽에 사는 것에 대해서 말이야

(사이.)

그렇지만 언덕 밑이지, 응? 언덕은 아직 녹색일지 몰라, 응?

(사이.)

식물군! 포모나 여신!

(황홀한 느낌으로)

풍년의 여신!

(사이.)

넌 아주 멀리 갈 필요가 없을지도 모르지. (39)

Hamm:

That here we're down in a hole.

(*Pause.*)

But beyond the hills? Eh? Perhaps it's still green. Eh?

(*Pause.*)

Flora! Pomona!

(*Ecstatically.*)

Ceres!

(*Pause.*)

Perhaps you won't need to go very far. (39)

자연의 여신을 불러냄으로써 햄은 자기 상상의 영역 속으로 들어간다. 마지막 대사에서 조건 절보다는 미래시제를 그가 사용하고 있는 것은 싱싱하게 수목이 우거진 자연의 세계를 가설의 세계가 아닌 실제의 세계로 받아들이고 있음을 반영해 준다. 그러나 클로브가 "나는 멀리 갈 수 없소"(39)라고 말함으로써 이들의 약함과 불구의 조건을 상기시킬 때, 햄의 환상은 다시 한 번 부서져 버린다.

그러나 환상에 대한 햄의 집착은 이것으로 끝나지 않는다. 햄은 그의 관심을 보다 가까운 곳으로 돌리고, 아직 미완성의 창조물인 그의 개에 관해 클로브에게 물어 본다. 이들이 만들고 있는 개는 아직도 그에게 힘이 있다는 환상을 줄 수 있기 때문이다.

햄: (그의 손을 개의 머리에 놓은 채)

그 놈이 나를 똑바로 쳐다보고 있나?

클로브: 예.

햄: (자랑스럽게.)

내가 산책 나갈 때 데리고 가달라는 듯이 말이지?

클로브: 좋으실 대로 생각하십시오.

햄: (전처럼.)

혹은 뼈다귀 하나를 달라고 애걸하듯이.

(그는 자기 손을 움츠린다.)

녀석을 그대로 나둬. 거기 서서 애원하도록 말이야.

(클로브는 몸을 똑바로 세운다. 개는 한 쪽으로 쓰러진다.) (41)

Hamm: (*his hand on the dog's head*):

Is he gazing at me?

Clov: Yes.

Hamm: (*proudly*)

As if he were asking me to take him for a walk?

Clov: If you like.

Hamm: Or as if he were begging me for a bone.

(*He withdraws his hand.*)

Leave him like that, standing there imploring me.

(*Clov straightens up. The dog falls on its side.*) (41)

이것은 쇠약해진 햄이 다른 것에 대해 행사할 수 있는 힘을 가지고 있다는 환상에 집착하는 모습이다. 개 한 마리(실제로는 단지 장난감 개에 지나지 않음)가 그를 애원하듯이 쳐다보는 그의 환상의 내용은 햄이 아직도 그 무엇인가에 대한 힘과 권위를 행사하고 싶은 욕망이 남아있음을 암시해준다.

환상 이외에 등장인물들의 기억 또한 그들에게 어느 정도의 이동의 자유를 제공한다. 햄은 걸인을 만났던 사건이나 정신병자 보호소에서 만났던 한 광인에 관한 일 등, 자기가 기억할 수 있는 과거의 사건을 최대한 이용하려고 한다. 그러나 이 작품에서 기억은, 내그와 넬의 코모 호수에 대한 기억처럼, 단순히 의례적인 대화를 위한 하나의 출발점으로서의 기능을 수행할 뿐, 허구적 전경의 창조를 위한 좋은 소재를 제공하지 못하는 경우가 많다.

지금까지 살펴본 연극, 환상, 기억 이외에 『승부의 종말』의 인물들이 비참한 현실에 대한 의식을 피하기 위해 의지하는 또 다른 수단으로 픽션 창조가 있다. 이것은 『고도를 기다리며』에서 디디(DiDi)와 고고(Gogo)가 공간과 시간과 타인의 외부 세계에 연루됨으로써 기다림의 고통을 잊으려고 시도했던 것에 비교 할 때, 『승부의 종말』의 인물들이 보다 더 내면적이고 허구적인 전경에 의존하고 있음을 말해준다.

이 극 속에서 가장 중요한 픽션창조는 내그의 재단사 이야기와 햄이 연대기라고 부르며 꾸며나가는 걸인에 관한 이야기로 볼 수 있다. 우선, 내그의 이야기는 그 작업이 실패가 되고 마는 두 명의 창조자를 언급하고 있다. 첫 번째 창조자는 3개월 동안 한 벌의 양복을 만들려고 시도하지만 계속해서 그 양복의 부분을 파손하고 있는 재단사이다. 좌절감에 젖은 고객이 마지막으로 외치는 소리에 재단사는 이보다 더 큰 실패에 관한 언급으로 대꾸하고 있다.

> (고객의 목소리로.)
>
> 빌어먹을 자식 같으니라고, 지옥에나 가버려, 선생님 좋아 하시네. 필요 없어 이 자식아, 어지간해야 말이지. 일에는 한도가 있는 거야! 엿새, 알아들어? 하느님도 단 엿새 만에 세상을 만드셨어. 알겠습니다, 신생님이라고? 선생님이라고 부르지도 마.
>
> 이 큰 세상을 생각해봐. 네놈은 석 달이 걸려서 내 바지 두벌을 변변히 못 만들다니!
>
> (양복점 주인의 목소리로, 분개하여.)
>
> 그렇지만 이것 보시오 선생님, 이것 봐요 선생님, 세

상을 --- (경멸스럽다는 제스쳐로, 역겹다는 듯이.)---쳐다보고---(사이.) 그리고---(사랑스럽다는 제스쳐로, 자랑스럽게.)---내 바지를 보라고요. (22-23)

(*Customer's voice.*)

God damn you to hell, Sir, no, it's indecent, there are limits! In six days, do you hear me, six days, God made the world. Yes, Sir, no less Sir, the WORLD! And you are not bloody well capable of making me a pair of trousers in three months!

(*Tailor's voice, scandalized.*)

"But my dear Sir, my dear Sir, look--- (*disdainful gesture, disgustedly*)---at the world--- (*pause*) and look--- (*loving gesture, proudly*)---at my TROUSERS!" (22-23)

여기서, 옷을 제대로 만들지 못하고 있는 재단사가 세상을 보라고 말하는 장면에서는 경멸적이고 역겹다는 듯한 제스처를 쓰고 있고, 자신의 실패한 작품인 양복을 언급할 때는 사랑스럽고 자랑스럽다는 제스처를 쓰고 있다. 재단사의 논리에 따른다면, 궁극적으로 신이 실패한 창조자가 되는 셈이다. 신이 창조한 세상이 실패라면 인간 존재의 조건은 근원적으로 부조리할 수밖에 없고, 이 조건을 극복하려는 인간의 시도는 실패할 수밖에 없다. 이 같은 내용으로 된 내그의 재단사 이야기는 작가의 부조리 우주관을 대변하고 있다고 볼 수 있다. 그러나 내그는 자신의 이야기를 만족스럽게 마무리하지 못한다. 이야기를 통해 다른 인물들에게 한 순간이나마 웃음을 선사하려던 그의 의도는 실패한다. 햄은 화를 내며, 그가 더 이상 말하는 것을 허용하지 않는다. 내그의 미완의 이야기가 존재의 고통을 의식하게 하기 때문이다. 내그의 이야기가 담고 있는 창조의 실패라는 주제는 햄과 클로브가 공동으로 만들었던 개와도 연관되어진다. 이 개는 미완성이다. 이것에는 발이 없고 클로브는 이것을 덧붙이는 일을 서두르지 않고 있다. 이 개는 설 수도 없고 앉을 수도 없으며, 단지 넘어질 뿐이다. 따라서 이 개는 우주적 창조 그 자체의 부조리성을 상징한다고 볼 수 있다. 아울러 이 개는 등장인물들이 창조하고 있는 허구적 전경의 불완전성도 상징한다. 『승부의 종말』에서는 세상의 삭막함과 인간의 불구성과 장난감 개의 불완전성에 비추어 볼 때 등장인물이 과거 또는 잠재적 창조자를 경멸하거나 의심하거나 두려워하는 것은 놀랄 만한 일이 아니다.

햄은 자기를 존재하게 해준 아버지를 저주하며, 클로브는 재생을 상징한다고 볼 수 있는 창밖의 작은 소년에 대해

“잠재적 아비”(78)라고 말하며 경계하고 있다. 이들에게는 창조의 순환이 계속될 가능성이 없어야 한다. 세상은 고통이 끝날 수 있도록 완전히 끝나야 한다. 존재를 의식하는 것은 고통스러운 일이며 따라서 이들은 존재의 고역에 처해진 자신들을 최대한 삶으로부터 이동시켜 주는 하나의 허구적 레벨의 존재양식을 선택하고 있는 것이다. 그러나 이 차원에서마저도 이들은 무기력한 창조자들이다.

햄은 빈번히 이야기 창조를 시도하고 있지만, 그 역시 결코 하나의 훌륭한 마무리에 이르지를 못하며 이야기의 소재도 고갈되어 있는 상태이다.

> 나는 이 이야기를 곧 끝내야겠어.
> (사이.)
> 안 그랬다가는 다른 등장인물 이야기까지 해야 될 판이니까.
> (사이.)
> 그렇지만 이제 그들을 어디서 수 있겠어?
> (사이.)
> 어디 가면 그들을 찾아낼 수 있을까? (54)

> I'll soon have finished with this story.
> (*Pause.*)

Unless I bring in other characters.

(*Pause.*)

But where would I find them?

(*Pause.*)

Where would I look for them? (54)

햄은 창조를 함으로써 자신의 삶의 순간을 채우려 하고 있지만, 그의 이야기는 결코 만족스럽게 창조되지 못한다. 위의 내용에서 볼 수 있듯이 햄의 이야기는 끊임없이 중단되며 그는 여전히 삶을 의식하고 있다. 그는 이야기를 통해서 자신을 허구의 세계 속에 존재시키려 해왔다. 하지만 그는 결코 이런 방식의 존재양식에 충분히 몰입되지 못한다.

햄의 연대기는 그 자체 내에 이야기 창조자의 무기력에 대한 증거를 내포하고 있다. 그의 이야기의 형태는 자신의 작품을 통제하려고 의시적으로 노력하고 있는 이야기 창조자의 모습을 시사한다. 그러나 햄 자신이라고 볼 수 있는 이야기 속의 화자는 자신이 누군가와 이야기하고 있다는 것을 분명히 시사하고 있음에도 불구하고 그 타인이 실제로 등장하게 만들려는 노력에 있어서는 결코 완전히 성공하지 못한다. 따라서, 걸인의 말은 항상 간접적으로 제시된다. 그리고, 걸인이 보여주는 반응의 단절적 성격은 확신이 없는 걸인의 망설임을 반영해 준다. 하지만 "그 자신과 아이를 제외하고"(52)라는 말은, 햄(또는 화자)이 말하고 있음을 가리킨다. 햄이 정확히 걸인의 말이라고 생각되는 말("내 애 말이오")(52)을 할 때마저도 이들 말이 햄 자신의 이야기 속에 너무 깊이 묻혀 있어서 이것을 좀처럼 구분할 수가 없다. 햄은 우리가 그의 마음을 통해서 걸인을 보고 있다는 것과 이것이 그의 창조적 능력에 있어서의 한계라는 사실을 숨길 수 없다. 그는 허구의 전경 속에서도 타인을 실제로 존재하게 할 수 없다.

이 같은 약점은 그날의 기상 통계치를 그가 자주 보고 함으로써 더욱 구체화된다. 네 번의 그런 언급이 나온다. 이것은 타인이 말하게끔 되어 있는 바로 그 순간에 항상 나타나며, 이것은 모두 (사이)(pause) 후에 나온다.

(사이.)

그날은 지극히 평범하고도 괴로운 날이었고, 온도계는 0도를 가리키고 있었다고 기억됩니다. (51)

(사이.)

그날은 태양의로 측정한 결과 50 이나 되는 영예롭고 빛나는 하루였다고 생각되나, ... (51)

(사이.)

그날은 풍력계의 계기 수치가 100 이나 될 정도로 바람이 심하게 울부짖던 거친 하루였다고 기억됩니다. (52)

(사이.)

그날은 극도로 건조한 날씨였습니다. 습도계가 0 도를 가리키고 있었다고 기억되니까요. (53)

(*Pause.*)

It was an extra-ordinarily bitter day, I remember, zero by the thermometer. (51)

(*Pause.*)

It was a glorious bright day, I remember, fifty by the heliometer, ... (51)

(*Pause.*)

It was a howling wild day, I remember, a hundred by the anenometer. (52)

(*Pause.*)

It was an exceedingly dry day, I remember, zero by the hygrometer. (53)

화자는 걸인으로부터의 직접적인 반응이 뒤따라야 할 지점에 도달해 있다. 그러나 화자는 위의 내용에서 볼 수 있듯이, 자기 자신을 실제로 타인의 위치에 집어넣을 만큼 능숙하지 못하며 따라서 그가 적당한 말을 찾지 못하고 망설이고 있는 순간인 (사이) 후에 수치나 기술적 용어에 토대를 둔 부담 없는 말로 이야기를 채우고 있다.

이 이야기의 흥미는 힘 있는 자와 힘없는 자, 부자와 거지 사이의 대치를 중심으로 구축된다.[22] 화자는 사치와 복지의 이미지를 통해 그 자신의 그림을 창조하고 있다. 『고도를 기다리며』의 포조처럼 그는 자신의 파이프에 불을 붙이는 일에 집착하고 있다. 그는 명백히 힘이 있는 존재이다. 왜냐하면 그는 걸인을 거부하거나 받아들일 수 있는 권리를 가지고 있기 때문이다. 이 날은 크리스마스 이브이고 그는 자기의 나무가 장식되는 것을 확인해야 하고 다른 준비물도 완성되었는지 확인해야 한다. 이 스토리에 나오는 소년은 번식과 생명력의 상징이다. 소년의 아버지는 이 소년을 3일 동안 깊은 잠을 자도록 버려두었는데 이 3일 간은 그리스도(Christ)의 죽음과 부활 사이의 기간을 연상시킨다. 때는 크리스마스 철이고 이 시기는 전통적으로 그리스도의 탄생을 경축하는 시기이다. 햄은 이 기간을 영원한 생의 상징인 상록수와 참 가시 은계목 장식과 함께 맞이한다. 그러나 이것은 형식만의 경축일뿐이며 그 내용은 그리스도 탄생의 의미에 대한 외면이다.

걸인에게 있어서 생의 조건의 비참함이 그의 외적인 모습의 기술 방식에 의해 시사되어 있다. 그는 "배로 . . . 기면서"(50) 등장한다. 그의 얼굴은 먼지와 눈물자국으로 검게 얼룩져 있다. 그리고 그는 화자에게 자기를 부인하는 자세로 말한다. 물론, 화자는 이 비천한 인간에게 힘을 행사하는 일로 흐뭇해하고 있다. 그러나 햄 자신이라고 볼 수 있는 이 스토리의 화자는 걸인에게, 왜 아들을 구제함으로써 이 세상 삶의 궁극적인 치유인 죽음을 지연시키려 하는 지를 이해할 수 없다는 입장을 취한다. 삶을 부인하는 것은 의미를 부인하는 것이며, 의미를 부인하는 것은 어떤 패턴이 있거나 질서가 있는 존재 방식을 부인하는 것이다.[23] 하지만 햄의 이야기는 명백히 의도되어 있는 자기 정당화로서 그다지 성공적이지 못하다. 이야기 내에서 타인의 모습은 매우 위협적이다. 걸인이 처음 화자에게 접근할 때 화자는 "나를 쳐다보지 마, 보지 마라니까"(51)라고 명령을 한다. 화자는 타인이 자신을 노려보고 있는 동안의 상황을 완전히 지배하지 못한다.

이야기는 걸인이 화자를 광기 어린 눈으로 쏘아보는 모습과 함께 만족스럽지 못하게 끝난다. 햄은 애처롭고 비난하는듯한 응시를 안전한 허구로 바꾸는 능력을 갖고 있지 않다. 따라서 화자의 걸인에 대한 일종의 죄의식이 이야기 속에서 어떤 해결에도 이르지 못한다.

이 극에서 픽션 창조자는 실패자이다. 픽션이 결코 만족할만한 결말에 이르지 못하며 존재에 대한 의식을 성공적으로 차단하지 못하고 있기 때문이다. 『승부의 종말』에서 등장인물들의 삶의 조건과, 존재 의식 탈피 시도를 비관적일 수밖에 없게 하는 또 한 가지 요인은 이들이 사용하는 언어의 고갈과 공허성이다. 단어의 수가 한정되어 있다는 느낌과 말의 배합이 한정되어 있다는 느낌이 이 극에 배어 있다. 동일한 말과 화제가 계속 나타난다. 이 문제에 대한 클로브의 불평까지도 반복되어 있다.

클로브:

끝내야 될지도 모르겠어요.

(사이.)

평생 동안 똑같은 질문에, 똑같은 대답 뿐이였어요. (5)

클로브: (지친 듯이.)

똑같은 대답이죠.

(사이.)

당신은 제게 이런 질문을 몇 백 만 번이나 했으니까요. (38)

Clov :

It may end.

(*Pause.*)

All life long the same questions, the same answers. (5)

Clov : (*wearily*)

Same answer.

(*Pause.*)

You've asked me these questions millions of times. (38)

등장인물들은 마치 체스 놀이를 하는 사람이 줄어 버린 말을 가지고 이것을 가능한 한 모든 방법으로 다루기 위해 하듯이 축소되어 버린 수의 어휘를 배열하고 또 재배열하고 있다. 언어가 서서히 고갈되어져 가는 모습이다. 진부한 말투로 인하여 의미가 없는 다음의 대화는 부정 대명사가 명사를 대체함으로써 더욱 실체성이 없어 보인다.[24]

햄:

그것은 내가 네 아버지나 다름없었던 것이었어.

클로브:

예.

(그는 햄을 향해 쳐다본다.)

당신이 내게 아버지나 마찬가지였죠.

햄:

내 집은 너에게는 가정이나 다름없고.

클로브:

예.

(그는 햄을 향해 바라다본다.)

내게는 그랬었죠. (38)

Hamm :

It was I was a father to you.

Clov :

Yes.

(*He looks about Hamm fixedly.*)

You were that to me.

Hamm :

My house a home for you.

Clov :

Yes.

(*He looks about him.*)

This was that for me. (38)

이 대사에서 클로브는 햄을 응시하고 햄은 제스쳐를 이용하고 있으며, 그럼으로써 이들 언어의 한계성은 하나의 암시적인 방법으로 제시되어 있다. 이어지는 대사 속에서, 아버지라는 주어는 클로브로 부터는 햄을 향한 고정된 응시를, 햄으로부터는 자기 자신을 향한 제스쳐를 수반한다.(38) 제스쳐는 햄에게 속하고 응시는 클로브에게 속한다. 제스쳐나 응시의 방향은 아버지나 가정 같은 주제에 의해 정해진다. 햄과 클로브의 자세처럼 말과 제스쳐의 결합은 엄격히 규정되어 있고 제한되어 있다. 이것은 이들의 언어 구사능력이 제한되어 있음을 보여주며, 이 같은 제한성은 언어를 이용한 이들의 창조 시도를 실패하게 하는 하나의 주된 요인이 된다.

가끔 언어의 의미는 말과 그 말이 표현하고자 하는 현실 사이의 명백한 차이에 의해 침식된다. 클로브가 끊임없이 넘어지는 검정색 장난감 개를 소개할 때 그는 햄의 "그 개 흰색이지?"(40)라는 질문에 "거의"(40)라고 대답한다.

개는 옆으로 누워 있지만 클로브는 "개는 서 있소"(41)라고 주인을 확신시킨다. 이 경우에 클로브가 사용하고 있는 말은 그가 기술하고 있는 현실과 정반대이다. 또는 아마도 이들의 언어가 너무 퇴보해 버려서 검다는 말과 희다는 말 사이의 차이점이 무의미한 것인지도 모른다. 때로는 언어와 현실 사이의 관계가 정확히 반대는 아니다. 그렇지만 여전히 충분하게 통합되어 있지는 않다

나그:

당신 생각 나?--

넬:

아뇨.

나그:

우리가 탔던 2인승 자전거가 박살나면서 우리들의 정강이 뼈가 달아났을 때 말이야.

(그들은 흔쾌히 웃는다.)

넬:

아르덴느에서 였죠.

(조금 덜 흔쾌히 웃는다.) (16)

Nagg :

Doyou remember--

Nell :

No.

Nagg :

When we crashed on our tandem and lost our shanks.

(*They laugh heartily.*)

Nell :

It was in the Ardennes.

(*They laugh less heartily.*) (16)

여기서 내그와 넬의 말은 자신들의 삶의 가장 큰 비극 중의 하나인, 다리의 상실을 기술하고 있다. 하지만 말은 너무도 의미가 결여되어서 이들은 이 말을 하면서 웃는다. 언어가 경험을 제대로 전달하지 못하고 있다. 말이 경험에 의해 뒷받침되지 않아서 쓸모없는 다른 경우도 있다. 극의 끝 부분에 클로브는 상당히 신랄하게 그가 사용하는 언어의 이해할 수 없음에 관해 불평을 한다.

클로브: (붙박은 시선, 단조롭게, 객석을 향한 채.)

그들이 제게 말하더군요. 그게 사랑이라고, 네, 그래요, 조금도 의심할 여지가 없습니다. 이제 당신은 그게 얼마나---

햄:

발음을 분명 하게 해!

클로브: (전과 동일하게.):

그게 얼마나 쉬운 일인지 아실 겁니다. 그들이 제게말하더군요, 그게 우정이라고, 네, 그렇습니다, 의심할 여지도 없이 당신도 그걸 아셨습니다. . . . 그들이 제아무리 놀라운 주의력을 갖고 있다손 치더라도, 이 모든 것들은 그들의 고통 안에서 죽어 갈 것이라고. (81)

Clov: (*fixed gaze, tonelessly, towads auditorium*)

They said to me, That's love, yes, yes, not a doubt, now you see how--

Hamm:

Articulate!

Clov(*as before*) :

How easy it is. They said to me, That's friendship, yes, yes, no question, ... I say to myself that the earth is extinguished, though I never saw it lit. (81)

클로브는 사랑이나 우정을 만나보지 못했다. 하지만 그는 이 경험을 표현하는 말을 사용하고 있다. 또한 그가 혼란과 삭막함으로 보는 것을 다른 사람은 미와 질서라고 이름 붙였다. 이것은 햄의 정신병원 방문을 상기시킨다. 왜냐하면 햄이 만난 광인 역시 창밖으로 보이는 삶의 현장이나 자연의 모습을 단순히 재라고만 불렀기 때문이다. 동일한 전경을 두고 햄은 삶이라고 지칭한데 비해 광인은 단지 재로만 불렀던 것이다. 이처럼 말이 존재의 경험이나 객관적 현실성을 결여하게 될 때 그 기능은 신뢰할 수 없다.

클로브는 자기에게 현실을 표현해줄 말을 계속해서 찾으려고 한다. 그러나 경험이 일관성이 없고 모든 것이 무의미하고 불확실하기 때문에 시간이 항상 늘 같은 세계에서 아침이나 저녁과 같은 말 사이에는 구분이 거의 없다. 클로브는 의미가 있는 새로운 언어를 가르쳐 달라고 햄에게 외친다. 그러나 햄은 클로브에게 새로운 언어를 가르칠 수 없고 클로브는 침묵할 수 없다. 이것이 이들에 대한 저주이다. 이같이 쓸모없는 말은 이들의 진정한 존재 결여의 상징이며 이유가 된다. 왜냐하면 이들은 창조함으로써 존재하려고 하지만 이들이 사용하는 말은 공허하기 때문이다. 아울러 언어의 이 같은 고갈과 공 허 성은 등장인물들의 허구적 전경 창조 능력을 제한해버림으로써, 이들의 현실의식 차단 노력을 어렵게 하는 또 다른 요인으로 작용하고 있다.

『승부의 종말』에서 등장인물이 허구의 세계 속으로 도피하려는 모든 노력은 클로브가 바깥 세상에 소년이 출현했다고 보고함으로써 실패로 돌아간다고 볼 수 있다. 즉, 소년이 바깥 세상에 출현한 것은 이들이 철저하게 도피하고 외면하려던 객관 세계의 실체가 "무"가 되지 않았음을 의미한다고 볼 수 있기 때문이다. 소년의 출현은 또 한편으로 삶의 재생 가능성과 삶에 대한 의미 부여의 가능성을 상징적으로 제시해 주기도 한다. 즉, 클로브가 소년을 목격했다고 하는 것은 그가 지금까지 추종해 왔던 햄의 우주관(공허하고 의미가 텅 비어 있는 우주)에 의문을 제기하고, 지금까지 햄이 요구하던 허구적 존재 방식을 벗어나 자기 자신의 습관을 형성하며 나름대로의 재생의 길을 찾을 수도 있다는 가능성을 상징하기도 한다.[25] 그러나 이 작품의 끝부분에서 클로브가 비록 길 떠날 차림을 하고 등장하기는 하지만 그가 정말로 햄을 떠날 수 있을 것인지는 회의적이라고 할 수 있다. 즉, 그는 이 작품이 시작할 때의 모습으로 다시 돌아가 있기 때문이다.

다만 소경인 햄은 이것을 보지 못하고 클로브와 함께 창조하려던 허구의 세계와 연극 놀이가 끝난 것으로 간주하며 호각을 관객에게 던진다. 그는 마지막으로 다시 손수건을 꺼내어 자신의 얼굴을 덮으며, “낡은 손수건! 너는 . . . . 남아 있어라”(84)라고 말한다. 여기서 손수건은 성경에 나오는 베로니카(Veronica) 손수건의 이미지이며 고통과 괴로움을 가려 주는 것의 상징이다. 여기서는 햄이 고통스런 현실의 대면을 회피하는데 필요한 환상의 세계 및 허구의 세계를 손수건이 상징한다고 볼 수 있다.

지금까지 살펴보았듯이, 『승부의 종말』의 인물은 『고도를 기다리며』의 인물보다 한층 더 비관적인 상황에 처해 있다. 『승부의 종말』의 등장인물들이 처해있는 고통스런 존재의 조건은 암울하고 고통스러워 보이는 무대 이미지와 종말을 갈망하는 이들의 대사에 의해 강조되어 있다. 비참한 현실 속에서 존재의 그 어떤 의미나 목적도 상실한 채 살고 있는 등장인물들에게 삶은 지루하고 고통스런 순간의 연장일 뿐이다. 이들은 삶의 그 어떤 의미 추구도, 정체성 확인도 이미 포기한 상태에 있다. 이들은 죽음만이 비참한 존재의 조건으로부터 자신들을 벗어나게 해줄 것으로 생각한다. 이 같은 극한 상황 속에 처해 있는 등장인물들은 연기 적 행동이나 대사, 환상, 기억, 이야기 창조와 같은 허구적 전경 속으로 도피하는 존재 양식에 의존함으로써 고통스런 존재의 의식으로부터 벗어나려 하고 있다. 그러나 창밖에 소년이 출현한 사건이 상징하듯, 이들이 구축해 놓은 가상의 정체성은 언제든지 무너질 수 있고, 다리가 셋 달린 불구의 개가 상징하듯, 허구적 전경 창조의 시도는 불완전할 뿐이다. 따라서 이들에게 고통스런 존재에 대한 의식은 언제든지 되돌아 올 수밖에 없다. 이들이 추구하는 존재양식은 자유와 생명력이 결여된 허구적 존재양식일 뿐이며, 현실에 대한 고통스런 의식을 근원적으로 극복할 수 있는 수단은 되지 못한다. 그럼에도 불구하고, 주인공 햄은 자신의 삶에 종말이 올 때까지 또 다른 허구의 세계를 창조해야만 하는 것이다. 시간의 흐름 속에서 그에게 부여되어 있는 극도로 제한되어 있는 존재 양식의 가능성만 더욱 축소되어 갈 뿐 그가 처해 있는 존재의 근원적인 조건은 변하지 않기 때문이다.

Ⅳ. 『크랩의 마지막 테이프』: 자아의 단절

『크랩의 마지막 테이프』(*Krapp's Last Tape,* 1958)에는 앞의 두 작품과는 달리 인간 사이의 대화는 없고, 주인공 크랩(Krapp)의 독백과, 녹음기에서 들려오는 자신의 과거에 대한 그의 언급만 나온다. 앞의 작품들에서, 디디(Didi)와 고고(Gogo)는 고도가 와서 그들의 현존 방식을 정당화해 주기를 기다리고 있었고, 햄은 존재의 끝을 기다리고 있었다. 한 마디로 이들은 미래 지향적이었다.[1] 그러나 크랩은 현재의 존재를 끝내고 싶은 고뇌에 찬 염원을 드러내지 않는다. 그는 자기의 존재를 정당화해 주거나 자신의 고통을 제거해 줄 미래가 있을 것으로 믿지 않는다.

이처럼 『고도를 기다리며』나 『승부의 종말』의 인물이 미래 속에서 존재의 의미를 찾으려 한 것과는 달리 크랩은 자신의 존재의 의미를 과거 속에서 규명하려고 시도하고 있다. 그러나 크랩의 시도 역시 실패로 끝난다. 시간의 작용은 끊임없이 현실에 변화를 초래하기 때문에 과거는 물론 현재의 규명도 불가능한 것이며, 무엇을 파악하고 규명하는 주체인 자아 역시 시간의 작용 속에 끊임없이 변하고 있기 때문이다. 이 작품 속에서 시간의 흐름에 따른 자아 분열의 모습을 가장 선명하게 보여주는 것은 걸작의 탄생을 위해 사랑을 포기해버린 중년시절 크랩의 결정을 현재의 노인 크랩이 개탄하는 장면이다. 중년시절 크랩의 생각과 결정을 현재의 크랩은 인정할 수가 없는 것이다.

베케트는 이 작품 속에서 테이프 속에 담겨 있는 과거의 자아를 통해 부단히 어떤 의미를 찾으려 하고 정체성을 추구하려는 무익한 시도를 반복하고 있는 크랩을 광대의 이미지로 묘사하고 있다. 광대의 이미지는 베케트의 철학을 나타내는 데에 가장 적합하다. 왜냐하면 코미디는 존재의 불합리성을 가정하기 때문이다.[2]

이 장에서는 현재의 노인 크랩이 녹음기 속에 담긴 자신의 과거의 두 자아(젊은 시절의 크랩과 중년 시절의 크랩)와 대면하는 모습을 통하여 인간 기억의 한계성과 시간의 흐름에 따른 자아분열의 모습이 광대의 이미지 속에 어떻게 구체화되고 있는가를 살펴보고자 한다. 아울러 자아분열로 인한 인간 소외의 모습이 무엇인가를 살펴봄으로써, 인간이 과거의 회복을 통해 존재의 의미를 찾고, 자아의 정체성을 찾으려는 시도 역시 실패할 수밖에 없다는 것이 부조리 작가인 베케트의 사상임을 제시하겠다.

『크랩의 마지막 테이프』(*Krapp's Last Tape,* 1958)에는 『고도를 기다리며』나 『승부의 종말』에서처럼 인간들이 짝을 이루어 등장 하는 것이 아니고 한 노인과 녹음기가 짝을 이루고 있다. 노인 크랩은 자신의 과거를 녹음기의 도움으로 재검토하고 탐구하는 일에서 병적이라고 할 만한 즐거움을 찾는다. 그는 그의 과거의 각기 다른 두 시절, 즉 청년기 시절과 중년기 시절을 탐구한다. 69세의 크랩(이하 크랩 69)은 39세된 크랩(이하 크랩 39)이 30년 전에 녹음한 테이프를 듣는다. 39세의 크랩은 10년 내지 12년 전, 그가 29세 내지 27세(이하 크랩 27-29)였을 때 녹음된 테이프에 관해 코멘트를 한다.

따라서 이 극에는 세 명의 크랩이 나오는 셈이다. 크랩 69는 자신의 과거를 다시 발굴하여 이것을 비웃는다. 관객 앞에는 한 인간의 고립되고 조화될 수 없는 세 시기의 대면이 전개된다. 즉, 크랩의 삶의 각기 다른 시기들이 현재의 무대 위에 병치되는 것이다. 따라서 크랩의 마지막 테이프는 무대 위에 시간적, 공간적으로 등장하는 현재의 크랩과 녹음기 속에 담겨진 과거의 크랩 사이의 대화로 볼 수 있다.

현재의 크랩은 "지치고 늙은 한 노인"[3] 으로서, 자기 육성으로 녹음된 테이프를 들으면서 시간을 보낸다. 긴 세월에 걸쳐 그는 생의 일기를 테이프에 담아 왔다. 어둠에 둘러 쌓인 채 강한 흰색 조명을 받으며 크랩은 녹음기가 있는 탁자 앞에 앉아서 과거의 그의 음성을 듣는다. 그러나 그는 이것으로 별 위안을 얻지 못한다. 왜냐하면 그의 과거의 자아가 말하는 내용을 그가 거의 인정할 수가 없기 때문이다. 노인 크랩은 모든 개인적 정체성을 상실한 채 단지 젊은 크랩의 성적인 만남에 관한 기술에만 마치 엿보는데 취미를 가진 사람처럼 흥미를 갖는 인물로 묘사되어 있다.

『크랩의 마지막 테이프』는 베케트의 작품 중 사람의 이름이 한 주요 등장인물의 성격에 관해 직접적으로 시사하는 유일한 작품이라고도 할 수 있다. 비록 루비 콘(Ruby Cohn)은 베케트가 크랩이라는 이름에 특별한 의미를 두고 있는 것은 아니라고 주장하지만,[4] 이 이름은 작품 속에서 주인공에 대한 직접적인 평가의 성격이 짙다. 극이 시작되면 크랩은 흰색 셔츠와 "더러워진 한 켤레 흰색 구두"(55)를 제외하고는 완전히 검은색 옷을 입고 무대 위에 등장한다. 그의 전체적인 외모는 방탕함을 암시하는데 이것은 무대 밖에서 반복적으로 들리는 술병 따는 소리에 의해 더욱 더 명백해진다.(58-59) 따라서, 이 작품 속에서 주인공인 크랩의 이름은 영어의 'crap'이라는 단어의 뜻인, '쓰레기'라는 의미를 함축하고 있다고 볼 수 있다.[5] 삶의 패배자라고도 할 수 있는 크랩은 실질적으로 그의 이름이 지칭하는 존재, 즉, '쓰레기'(crap)인 것이다. 그는 그의 녹음기를 통해 짤막한 과거로의 여행을 즐긴다. 그러나 그는 항상 직면한 현실로 되돌아오지 않으면 안 된다. 그리고 그의 현실 복귀를 나타내는 표현은 'crap'이 크랩의 과거였고 현재이며 미래일 것임을 암시한다. 그는 "이곳에 다시 돌아 왔군 . . . 나 . . . 크랩" (57) 이라고 말한다.

크랩이 조명 밖으로 이동하고, 그럼으로써 녹음기로부터 벗어나는 것은 하나의 상징적인 의미를 갖는다.

> 크랩이 조명 밖으로 이동함으로써 녹음기 밖으로 벗어날 때 그는 자신의 의식적인 자아로부터 벗어나는 것이다. 39세의 Krapp은 새로운 조명은 "비약적인 발전"이라고 녹음한다. . . . 그가 어둠 속에서 움직일 때. . . 그는 자기 바깥의

공간 세계와 섞인다.

> When Krapp moves out of the light and thus away from the taperecorder, he moves away from his conscious self. The thirty-nine-year-old Krapp records that the new light is "a great improvement". . . . When he moves about in the darkness. . . . he merges with the space outside himself.[6]

녹음기 앞에 앉아 있는 크랩을 둥글게 비추는 조명은 그의 의식적인 자아를 상징하고 있는 것이다. 크랩은 조명 빛과 녹음기로부터 벗어나 어둠 속에서 행동할 때 자기 자신 바깥의 공간 세계와 섞이게 되며, 그는 이때 "덜 외로움"(57)을 느낀다고 말한다. 그가 자신을 의식하는 것은 곧 실패한 작가로서 고독과 소외 속에 살고 있는 자신의 모습에 대한 의식이기 때문이다. 그가 조명이 비추는 곳, 즉 그의 녹음기가 있는 곳으로 되돌아오는 것은 그가 의식적인 자아, 즉 "나 . . . 크랩"(57)으로 되돌아오고 있는 것을 상징적으로 의미한다. 탁자 주변의 조명은 또한 크랩이 감정적으로 얽히는 세계가 불필요해진 지금 자기 자신의 내부에서 보게 된 새로운 비전을 상징하기도 한다.[7]

크랩은 바나나에 대한 만족할 줄 모르는 식욕을 갖고 있다. 녹음기를 돌리기 전의 극 시작 부분에서 크랩은 테이블 서랍에서 바나나 하나를 발견한다. 그는 바나나를 꺼내서 다음과 같이 행동한다.

그는 돌아서서 무대의 가장자리까지 나아가서 멈춰선 다음, 바나나를 두드리고, 껍질을 벗겨, 그 껍질을 발밑에 떨어뜨리고 나서, 바나나의 끄트미리 쪽을 입 인에 넣더니, 꼼짝 않고 넋나간 듯 앞 쪽을 바라본다. 마침내 그는 바나나 끝을 씹으면서, 옆으로 몸을 돌려 무대의 조명이 떨어지는 가장자리까지 . . . 바나나 맛을 음미하고 있다. 그는 바나나 껍질을 밟아 미끄러져서 거의 넘어질 뻔 했으나 자세를 유지한뒤, 허리를 굽히고 바나나 껍질을 자세히 들여다 본 다음, 결국 그것을 한옆으로 밀쳐낸다. 무대 끝 너머 오케스트라석 위치까지 발을 떼어놓은 채 여전히 허리를 굽히고 있다.

He turns, advances to edge of stage, halts, strokes banana, peels it, drops skin at his feet, puts end of banana in his mouth and remains motionless, staring vacuously before him. Finally he bites off the end, turns aside and begins pacing to and fro at edge of stage, in the light . . . meditatively eating banana. He treads on skin, slips, nearly falls, recovers himself, stoops and peers at skin and finally pushes it, still stooping, with his foot over the edge of stage into pit. He resumes his pacing, finishes banana, returns to table, sits down, remains a moment motionless, heaves a great sigh . . . takes out a second large banana, peers at it . . . strokes banana, peels it, tosses skin into pit, puts end of banana in his mouth and remains motionless, staring vacuously before him. (55-56)

여기서 "묵상하듯 바나나를 먹고 있는" 크랩(Krapp)의 모습은 영락없이 인간적 품위를 상실한 우스꽝스러운 광대와도 같은 모습이다.[8]

크랩은 바나나만 좋아하는 것이 아니라 간헐적으로 무대를 떠나 술을 마시러 간다. 극이 끝나는 대목에 이르면 그는 꽤 취해 있다. 또한 크랩의 음성 및 그가 사용하는 단어와 관련된 행동은 모두 그의 고뇌에 찬 의식적 자아의 표현이며, 그가 자주 어둠 속으로 이동하는 것은 이것이 그에게 자기 통찰의 빛(의식)이 가져 오는 고통으로부터 일시적 해방을 가져오기 때문으로 볼 수 있다. 또한 이때 들려오는(비록 관객은 그가 술 마시는 장면을 보지는 못하지만) 술병의 코르크 마개를 따는 소리나 유리잔 소리와 같은 명백한 음향효과와 크랩의 똑똑치 않는 발음이 그가 술을 마심을 의미한다. 술 취한 크랩은 매력은 없지만 지난 과거에 대해 모든 의미를 잃어버린 가련한 인물의 모습이다.

크랩에 대한 다음과 같은 기술 역시 삶에 실패한 한 인간의 모습을 연상시킨다.

> 빛바랜 검고 좁은 바지는 그에게는 너무나 짧아 보인다. 낡은 검은색의 소매 없는 조끼에는 네 개의 널찍한 주머니가 달려 있다. 묵직한 은시계와 그 시계 줄, 때가 낀 흰 셔츠는 목 언저리가 열려 있고 깃이 없다. 모양이 이상하게 생긴 더러운 흰색 부츠는 사이즈가 못돼도 10인치는 됨직한데 매우 좁다랗고 끝이 뾰족하다. 창백한 얼굴, 보라 빛 코, 흐트러진 잿빛 머릿결. 수염도 덥수룩하다.

> *Rusty black narrow trousers too short for him. Rusty black sleeveless waistcoat, four capacious pockets. Heavy silver watch and chain. Grimy white shirt open at neck, no collar. Surprising pair of dirty white boots, size 10 at least, very narrow and pointed. White face. Purple nose. Disordered grey hair, unshaven.* (55)

크랩은 마치 흑백 무성 영화 속에 등장하는 광대처럼, 흑백의 옷을 입고 있다. 과거 세월의 그의 목소리가 녹음돼 있는 테이프를 뒤적거리고 있는, 지나치게 큰 흰 장화와, 짧은 바지와 소매 없는 검은색 조끼와 깃이 없는 셔츠를 착용하고 있는 크랩은 "묵상하고 있는 광대"[9]의 모습이다. 너무 작은 바짓가랑이는 괴상할 정도로 코믹해 보이고 그러면서도 이것은 크랩의 가난의 상징이며, 외모를 단장할 필요도 없고 갈 곳도 없는 한 실패한 삶의 상징이다. 크랩은 어울리지 않는 낡아빠진 광대의 복장을 입었을 때 가장 편하게 느꼈다고 말하는데, 이것은 그의 불완전한 자아를 상징할 뿐 아니라 정상적인 인간 사회로부터의 그의 지속적인 고립과 소외를 상징하기도 한다.[10] 녹음된 과거의 자기 목소리를 들어보는 일에 집착하는 것은 어떤 의미에서 보면 삭막할 정도로 자학적이며 삶을 패배시키는 행동이라고 볼 수 있는데, 이것이 이 극 전체를 통해 크랩이 실행하고 있는 가장 주된 행동이다.

> 이런 지나간 일들을 돌이켜 본다는건 소름끼치는 일이지만 . . . 새로운 . . . 회상에 착수하기 전에, 도움이 되거든. 내게도 개구쟁이 시절이 있었다니 믿기지가 않는걸. 그 목소리! 오, 죽겠군! 그리고 그 숨소리!
>
> These old P.M.s are gruesome, but I often find them . . . a help

> before embarking on a new . . . retrospect. Hard to believe I was ever that young whelp. The voice! Jesus! And the aspirations! (58)

녹음기에서 들려오는 의식적으로 기억된 과거에 대한 크랩의 집착은 그가 현재 속에 사는 것을 막을 뿐 아니라, 베케트가 『프로스트』에서 말하는 비자의적인 기억을 통해 진실을 재 포착하는 일마저도 막아 버린다.

이 작품은 기억이 과거를 회복하는 능력에 의문을 제기한다. 기억을 담고 있는 테이프가 제한되어 있고, 이것의 내용이 선택적이기 때문이다. 여기서는 삶의 중요한 순간이라 할 수 있는 죽음이나 계시의 사건도 삶 전체에 어떤 보탬이 되지 않는다. 기억이 이들 특별한 사건에 관해서 마저도 어떤 선명한 반영을 해줄 수 없기 때문이다. 베케트는 『프로스트』에서 기억에 관해 논하면서 이 특별한 문제를 다루고 있다.

> 가장 성공적인 기억의 실험이라 할지라도 단지 지난 과거의 지각에 대한 반향만을 투영 할 수 있을 뿐이다. 왜냐하면 그것은 하나의 사고 작용으로서 어떤 주어진 지각으로부터 . . . 그 어떤 단어나 제스처, 소리나 또는 향기를 추출해내는 지성의 편견들에 의해 조절되기 때문에 하나의 개념

을 확립해줄 단서로는 적합하지 않기 때문이다.

> The most successful evocative experiment can only project the echo of a past sensation, because, being an act of intellection, it is conditioned by the prejudices of the intelligence which abstracts from any given sensation . . . whatever word or gesture, sound or perfume, cannot be fitted into the puzzle of a concept. But the essence of any new experience is contained precisely in this mysterious element that the vigilant will rejects.[11]

이것은 인간의 자의적인 기억이 존재의 사건을 인간 지성의 여과작용이 편리하게 개념화해 놓은 것만을 불러낼 뿐이라는 것을 의미한다. 베케트는 또한 같은 책에서, 참조 도구로서의 기억과 발견의 도구로서의 기억을 구분한다. 베케트에 따르면, 일반적으로 자의적인 기억은 참조의 도구일 뿐 "진실"의 발견에 이르지 않는다. 왜냐하면 새롭고 불확실한 습관에 의해 흐려져 버리기 때문이다. 크랩 역시 습관이 기억에 부과하는 여과의 과정을 겪고 있다. 존재의 "진실"을 소멸시키는 그의 습관은 극히 제한적인 기억 형태인 녹음이다. 기억의 매개체가 녹음기이기 때문에 그는 삶의 기억할 만한 사건을 선택하지 않으면 안 된다. 또한 자신의 경험을 언어를 통해서만 표현해야 한다. 따라서 그는 사건을 언어 표현이 가능한 이미지로 축소한다. 이것 때문에 그는 자기가 말하는 "순간" 속으로 자유롭게 들어가지 못한다. 따라서 말의 필요성이 크랩의 기억의 기능에 제약을 가한다고 볼 수 있다.[12]

크랩이 녹음하는 기억의 완전성이 침해되는 또 다른 면이 있다. 우리는 크랩이 69세에 지난해의 사건을 그의 테이프에 집어넣을 준비를 하고 있는 모습을 본다. 그는 명백히 취해 있다. 그는 불빛이 원형으로 비추는 자리를 자주 이탈한다. 그리고 그의 퇴장은 술병 마개를 따는 소리로 이어진다.

> 크랩은 스위치를 끈 뒤, 생각에 젖다가, 시계를 보고나서, 일어나 무대 뒤 어둠 속으로 간다. 10초. 펑 하는 코르크 마개 빠지는 소리. 10초. 세 번째 코르크 소리. 10초. 짧게 떨리는 노랫소리 터져 나온다.
>
> *Krapp switches off, brooks, looks at his watch, gets up, goes backstage into darkness. Ten seconds. Pop of cork. Ten seconds. Second cork. Ten seconds. Third cork. Ten seconds. brief burst of quavering song.* (58-59)

이 소리는 크랩 39가 크랩 29-27을 향해 비난했던 몸을 쇠약케 하는 음주 습관을 계속해 왔다는 것을 보여줄 뿐만이 아니라, 한 해의 설명을 최종적인 녹음의 형태로 만들고 있는 순간에 그의 머리가 결코 선명할 수 없다는 것까지도 보여준다. 사건을 회상하는 그의 능력은 이 같은 습관들이 자의적인 기억에 가하는 핸디캡으로부터 피해를 입는다. 그리고 이 왜곡은 과거 사건이 취중의 몽롱한 상태 속에서 회상될 때 더욱 심해진다.(56-57) 따라서 과거의 본질 자체만 불가해할 뿐만 아니라 기억을 통해 과거를 되찾으려는 크랩의 시도 역시 기억 그 자체가 피해를 겪기 때문에 의심스러울 수밖에 없다고 볼 수 있다.

작품의 시작 부분에서, 크랩 69는 크랩 39의 목소리를 들으며, 자신의 삶의 전환점이라 할 수 있는 어느 날 밤, 즉 자신의 걸작(opus magnum)의 탄생을 위해 사랑을 희생하고, 그럼으로써 당시에 자신의 내부에 타오르고 있던 창조의 불길에 순종하기로 그가 결정했던 어느 날 밤으로 되돌아간다. 크랩 69에게 있어서 그날 밤 이후 30년이 지난 지금 표면에 떠오르는 것은 창조성이 아니라 사랑인데, 이것은 처음에는 인식되지 않지만 나중에는 거의 필사적으로 반복해서 들어보는 장면에서 나타난다. 크랩 39는, 크랩 29-27이 크랩 39에게 그러하듯이, 크랩 69에게는 완전히 낯선 존재이다. 크랩 69의 무력한 기억은 시간의 붕괴시키는 힘에 대항하지 못한다. 이것은 녹음기에 의해 대체되어 있는데, 이 기계적인 기억은 크랩 69라는 인간을 보충해 주지 못하며 단지 그의 과거의 모습의 한 부분만을 그의 현재의 의식 속에 고착시켜 줄 뿐이다. 녹음기를 듣고 있는 동안 크랩 69는 녹음기 속의 이야기에 가끔 언급하며, 의미심장한 웃음이나 냉소적인 웃음을 짓기도 하지만 대부분의 시간 동안 그는 잃어버린 의미나 모호한 언급에 대해 골똘히 생각한다. 그는 가끔 크랩 39의 수다스러움을 참지 못하고 스위치를 끈다. 한 외로운 노인에게는 너무 많은 공허한 말들이기 때문이다.[13]

크랩 69가 녹음기에 의해 재구성되는 그의 과거를 듣기 시작하는 동안 그는 자신이 자신의 과거의 모습인 크랩 39(자신의 정신적 능력과 신체적 건강에 관심이 있고 내성적이며 진지하고 외로운 사람이었던)를 직 대면하게 됨을 발견한다. 크랩 69는 크랩 39의 문학적 포부를 인정하지 못하며 "내가 저렇게 어리석은 자였다니, 믿을 수가 없어"(62) 라고 말한다. 크랩 69는 또한 크랩 29-27의 마지막 문제에 관한 크랩 39의 평가를 참지 못하며 스위치를 끈다. 몇 모금

술을 들이킨 후 그는 크랩 39가 그의 어머니의 죽음에 관해 말하는 것과 추운 바깥에서 밤샘하는 것에 관해 말하는 대목을 듣는다. 우리는 여기서 어느 폭풍우 치던 밤, 비록 내용에 있어서는 다르겠지만 형태에 있어서는 종교적 황홀경과 비슷한 한 사건 속에서 삶에 대해 하나의 새로운 전망을 확립하게 될 때까지는 이 시기가 크랩 39에게 정신적으로 암울한 시기였음을 듣게 된다. 우리는 이 사건의 정확한 세부 내용에 대해서는 알 수 없다. 왜냐하면 크랩 69가 참지 못하고 스위치를 끄며, 몇 번에 걸쳐 테잎을 앞으로 되감기 때문이다. 크랩 69는 더 이상 자기의 과거의 이상에 흥미가 없다. 왜냐하면 그가 이것을 피상적인 것으로 여겨 버렸기 때문이다. 그는 테잎을 앞으로 감아서 크랩 39가 배 안에서 한 소녀와 나누었던 사랑에 관해 말하는 대목에 이른다. 크랩 69는 생각에 잠기다가 스위치를 끄고 술 몇 잔을 들이키기 위해 무대 뒤편으로 물러갔다가 돌아와서는 그의 69세의 테잎을 시작한다. 그는 크랩 39의 말에 대한 자신의 역겨운 반응부터 녹음하기 시작하지만 그의 생각은 그 소녀에게로 다시 거슬러 올라가고 그는 그러다가 다시 침묵 속에 빠진다. 자신이 침묵을 녹음하고 있음을 깨달은 그는 순간적으로 스위치를 끄고 다시 자신의 지난해에 대한 평가를 시작한다. 그러나, 그것에 관해 그가 기억하는 것은 거의 없다. 그는 "말 할 것이 아무 것도 없어. 단 한 마디도. 지난 1년이 지금 무슨 의미가 있는 것인가?"(62)라고 말하고 있을 뿐이다.

그것은 하나의 텅 비고 무의미한 세월이었고 작가로서의 실패와 한 나이 많은 창녀의 방문으로 점철되어 왔다. 크랩 69의 생각은 배회하고 있으며, 녹음되어 있는 자신의 과거가 그에게는 더 이상 그다지 어떤 의미를 주지 못하고 있는 것이다. 긴 침묵 후에 그는 갑자기 자신의 현재의 테이프를 끄집어내고 그 사랑 장면을 또 한 번 듣기 위해 옛 테이프를 다시 끼운다. 그는 과거의 자아(크랩 39)가 환상적인 하나의 창조적 비전을 위해 배척해 버렸지만, 이제는 그가 유일하게 유효한 것으로 간주하는 자신의 삶의 한 부분(사랑의 장면)을 듣는다.

> 3번 상자 5번 릴에서 그는 자기와 자기의 소녀가 한 작은 보트의 바닥에 누운 채 물결이 그들을 출렁거리도록 허용했던 지난날의 행복했던 순간을 다시 발견한다. . . . 주로 복잡한 지적 추구에 몰두했던 이기적인 독신자 크랩의 삶에서 이것이 한 여성과의 깊은 유대감을 성취했던 유일한 순간이었던 것으로 입증 될 것이다.

In Box three, on spool five, he finds again the blissful moment in the past when he and his girl, lying at the bottom of a small boat, allowed the water to move them up . . . . In the life of the selfish bachelor Krapp, a man involved principally in abstruse intellectual pursuits, this will prove to have been the only moment when he achieved a profound union with a woman.[14]

크랩 29-27과 크랩 39는 각각 과거의 크랩을 배척하며 사랑을 배척해 버린 것, 즉 자아를 타인과 함께 나눌 수 있는 기회를 배척해 버릴 수 있었던 것을 기뻐한다. 어떤 의미에 있어서 그는 자기의 삶의 한 부분을 잘라 내 버린 것을 기뻐하는 것이다. 그러나 그러했던 크랩이 늙어 우리 앞에 드러난 모습은 "늙은 유령"(62)같은 인간이며 살아 있다기보다는 죽어 있는 것에 가까울 정도의 모습이다. 그는 작가로서의 실패한 경력도 들려준다: "열 일곱 권이 팔렸는데, 그중 열 한 권은 외국의 무료 순회도서관에 도매금으로 팔았지."(62) 그는 잃어버린 사랑에 대해서도 생각에 잠긴다: "에피. . . . 그녀와 함께 행복하게 살수도 있었는데, ..."(62). 패니(Fanny)에 대해 품고 있는 현재의 정욕에 대해서도 생각해 본다: "지난번에는 그다지 나쁘지 않았어."(62) 그의 노령의 피곤함은 종교적 의식에 대한 능동적인 참여마저도 배제해 버린다. 저녁 예배에 대해 그는 "졸다가 의자에서 떨어졌지"(63)라고 말한다.

크랩 69가 동경 속에서 생각에 잠기는 동안 크랩 39 테이프에서는 그것의 마지막 대목의 말이 흘러나온다.

> 내 생애의 가장 좋은 날들은 지나 가버린 것 같다. 행복해질 수 있었던 기회도 있었는데. 그러나 그 시절이 다시 왔으면 하고 바라지는 않겠다. 지금 내게 그 때의 그 열정이 있는 것도 아닌데. 그렇다, 나는 그 시절이 다시 돌아오기를 원치 않는다.

> Perhaps my best years are gone. When there was a chance of happiness. But I wouldn't want them back. Not with the fire in me now. No, I wouldn't want them back. (63)

여기에 인용한 말은 크랩 69가 마치 동경과 노스탤지어로 마비된 듯 멍하게 앞을 바라보며 움직이지 않은 채로 앉아 있는 지금 이 시점에서는 아이러니컬하게 들린다. 진정한 인간관계에 근접했었던 그 시기에 대한 노스탤지어 인 것이다. 크랩 69에게는 크랩 39에게 바쁘게 타오르고 있었던 창작에 대한 불길은 꺼져 버린 지 오래고 그는 오직 이 젊은 시절을 되돌릴 수 있기를 절망적으로 원할 뿐이다. 과거에 다른 인간과의 거의 진실에 가까웠던 관계를 그가 배척 해 버린 것(자신의 에고의 보전을 위해)이 크랩 69의 고통의 주된 원인으로 보인다.

크랩의 삶에 있어서 사랑 에피소드에 작별을 고한 것이 전환점이 되며 이전과 이후를 표시하게 된다. 이전은 사랑이었고 행복의 가능성이었으며 이후는 지금 현재 상황의 시작이었다. 즉, 알코올 중독과 지적, 육체적 파멸과 문학적 실패의 시작이었다. 걸작을 위한 그의 선택, 혼자 살면서 매년 녹음해 둠으로써 자신의 삶의 스토리를 결코 중단하지 않겠다는 그의 선택은 실패로 끝났다. 왜냐하면 자아의 계속성이라는 것은 하나의 꿈에 지나지 않기 때문이다. 크랩 39는 빠지는 것 없이 모든 것을 녹음하기를 원했었다. 그러나 크랩 69는 과거라는 것이 대부분 우스꽝스럽고 이해할 수 없는 것임을 발견한다. 테이프는 그의 각기 다른 과거와 그의 현재를 분리시키는 커다란 단절을 증거 한다. 과거에는 그에게 소중해 보였던 것이 지금은 쓸모없어 보이고 또 그 반대로 보이기도 한다.[15] 중년의 크랩이 자신은 그의 "최고의 세월"을 되돌리고 싶지 않다고 자신 있게 선언하고 난 후 테이프는 침묵 속에서 계속 돌고 있다. 늙은 크랩은 말없이 앞을 응시하고 있을 뿐이다. 지금의 그의 침묵은 그 "최고의 세월"을 되돌리고 싶은 심정을 반영해 주고 있다고 볼 수 있다. 그러나 기회는 사라졌으며 그에게 남는 것은 침묵뿐이다. 평화의 침묵이 아닌 공허의 침묵인 것이다. 봉투는 작가인 크랩의 소도구이다. 이 극의 끝에서 그는 이것을 구겨 버리며 곧이어 녹음기에서 테이프도 빼내어 버린다. 이것은 크랩이 말할 것이 없다는 것과 앞으로는 더 이상 말하지 않을 것임을 암시해 준다. 이것은 자기 자신의 실패에 대한 통찰력을 얻는 순간이라고 볼 수 있다. 즉, 자신의 삶이 그 어떤 의미도 찾을 수 없는 것임을 고통스럽게 깨닫는 순간이라고 볼 수 있다. 이것은 현재의 노인 크랩과 과거의 크랩 사이에는 자아의 동질성이 유지될 수 없었음을 입증하는 것이기도 하다. 여기서 베케트는 침묵 속에 돌고 있는 녹음기 곁에서, 할 말을 잊은 채 멍하게 앞만 응시하고 있는 노인 크랩의 모습을 통해, 정체성과 존재의 의미를 추구하는 데 실패한 한 인간의 혼돈과 소외의 모습을 강조하고 있다.

앞장에서 논했던 인물은 자신이 고통 없이 다닐 수 있는 허구적인 전경을 창조함으로써 고통의 삶을 극복해 보려는 성공적이지 못한 시도를 하고 있었다. 크랩은 정반대의 목표를 가지고 있다. 왜냐하면 그는 자신의 과거와 동일시함으로써 자기 자신을 회복하려고 시도하고 있기 때문이다. 그러나 그의 시도 역시 실패한다. 이 작품에서 현재의 노인 크랩에게 녹음기에서 들려오는, 젊은 시절 자신이 가졌었던 이상과 꿈은 그 모든 의미와 관심을 상실했다. 과거의 자아가 너무도 낯선 존재가 되어 버리는 것이다. 따라서 크랩이 인위적인 기억을 통해 과거의 자아와의 어떤 동질성을 구축하여 자신의 존재에 대한 의미나 질서를 추구하려는 시도는 실패한 것이다. 『고도를 기다리며』에서도 살펴보았듯이, 시간의 흐름 속에서 자아는 끊임없이 변해 버리며, 인간의 인위적인 기억은 결코 과거를 완벽하게 재현할 수 없기 때문이다.

V.『타다 남은 것들』: 예술적 창조의 한계

라디오 극인『타다 남은 것들』(*Embers,* 1959)에서는 앞의 무대극에 비해 허구와 사실 사이의 구분이 훨씬 더 흐려져 버린다. 그것은 청중이 무대상의 등장인물의 존재를 확인하면서 더 이상 자기 눈에 의존할 수 없기 때문이다. 이 장에서는 작품의 주인공 헨리(Henry)가 타인이나 사물과 같은 외부 세계로부터 완전히 단절되어 있는 상태에서, 아버지의 자살이라고 하는 고통스러운 과거에 대한 의식을 승화된 예술로 변형시켜 그것을 극복하려고 시도하지만 실패하는 과정이 상징적 이미지와 함께 어떻게 구체화되는지를 분석하려고 한다. 그렇게 함으로써, 인간의 현실에 대한 의식이 예술의 불모성과 한계성으로 인해 어떤 스토리나 이미지로 완벽하게 객관화될 수는 없다는 것, 즉, 존재의 고통은 결코 예술 속에 완벽하게 승화됨으로써 극복될 수 없다는 것이 베케트의 부조리 주의적 존재관임을 제시하려고 한다.

『타다 남은 것들』에서는 비록 이야기의 배경이 바다이고, 바다의 소리가 극 속에 가장 많이 퍼져 있지만, 주인공 헨리의 첫 대사는 바다의 성격 그 자체에 대해 의심을 갖게 한다.

> 당신이 듣고 있는 소리는 바다의 소리 오 (사이. 더 크게) 당신이 듣고 있는 소리는 바다의 소리란 말이오. 우리는 해변에 앉아 있소. (사이) 내가 이것을 언급한 것은 소리가 너무도 낯설고, 바다의 소리와 너무도 달라서 그것이 무엇인지 보지 않고서는 당신이 알지 못할 것이기 때문이오.

> That sound you hear is the sea. (*Pause. Louder.*) I say that sound you hear is the sea, we are sitting on the strand. (*Pause.*) I mention it because the sound is so strange, so unlike the sound of the sea, that if you didn't see what it was you wouldn't know what it was. (*Pause.*)[1]

위에 인용한 말은 대단히 아이러니컬하게 들린다. 왜냐

하면 라디오 관객은 바다를 볼 수 없으며 따라서 이상한 소리에 대한 헨리의 설명에 우리가 의존해야 하기 때문이다. 헨리의 설명은 곧 더욱 더 의심스러워 진다. 왜냐하면 그가 바다의 소리에 항상 사로잡혀 있음을 우리가 알게 되기 때문이다.

> 오늘 바다는 잠잠하오. 그러나 나는 저 위에 있는 집안에서 바다의 소리를 자주 듣소. 그럴 때면 길을 걸으며 말하기를 시작하오. 아무도 알아채진 못하지만 그것의 소리를 덮어 버릴 정도만큼 은 큰 소리로 말이오. (사이) 그러나 과거에는 내가 어디에 있었든지 나는 말하고 있었을 것이오. 나는 저주받은 것으로부터 벗어나기 위해 한때 스위스에 간 적이 있는데 나는 그곳에 있는 동안 내내 말하기를 멈추지 않았소.

> Today it's calm, but I often hear it above in the house and walking the roads and start talking, oh just loud enough to drown it, nobody notices. (*Pause.*) But I'd be talking now no matter where I was, I once went to Switzerland to get away from the cursed thing and never stopped all the time I was there. (94)

여기서 헨리가 같은 소리를 시골과 스위스에서도 듣는

다는 사실은 바다가 객관적인 현실 속에 존재하는 것이 아니라 대신 헨리의 마음속에 존재하는 것임을 암시해 준다. 그런 관점에서 볼 때 바다의 끊임없고 단조로운 으르렁거리는 소리는 헨리가 말을 하거나 픽션을 창조함으로써 단지 부분적으로만 잊을 수 있는 하나의 끈질긴 의식에 대한 상징일수 있다.[2] 바다는 햄프턴(Hampton)이 결론짓듯이, "침묵에 대한 메타포"[3]임과 동시에, "특별한 마음에 의해 인식되는 현실 세계에 대한 메타포"[4]이며, 고통스런 현실 의식의 상징이다.

소리로 표현되는 또 다른 특징 또한, 비록 이것은 그가 좀 더 많이 통제하고 있기는 하지만, 헨리의 마음속으로부터 유래되는 것처럼 보인다. 예를 들어 말발굽 소리는 헨리(Henry)가 이 소리에 대해 생각하고 난 직후에 실제 음향효과에 의한 소리가 들려오기 때문이다. 즉, 청취자가 이 소리를 들을 수 있기 전에 헨리가 이 소리를 이미 의식하고 있는 것으로 나타나기 때문이다. 그리고 이 같은 정상적 과정의 전도는 그가 이 소리를 그의 마음의 스튜디오 속에 존재케 하고 있음을 가리킨다. 라디오 극 속의 한 등장인물로서 헨리는 모든 존재를 소리의 의미로 인식한다. 그가 자신이 처해 있는 배경을 기술할 때는 빛과 같은 정상적으로는 침묵의 요소까지도 하나의 청각의 차원을 띠고 있다.

헨리의 아버지와 헨리의 아내 아다(Ada), 그의 딸 애디(Addie)도 헨리의 마음속 전경의 허구적 특징과 함께 한다. 헨리가 불러내는 첫 번째 인물은 그의 아버지이다. 그러나 비록 헨리가 자주 그의 죽은 아버지를 불러내지만, 그의 상상력은 아버지를 귀로 들을 수 있는 존재로 만들만큼 충분치는 않다. 그는 자기 아버지가 곁에 있다고 말하지만 아버지로 하여금 말하게 할 수 없다. 그는 자기 자신의 목소리를 써서 자기 아버지를 흉내 내는데, 이것이 두 사람이 대화 할 수 있는 유일한 길이다.

> 아버지는 이제 나를 모르실 거요. 나를 낳았음을 당신은 후회하시겠지요. 그러나 아버진 과거에 이미 후회하셨어요. 실패자, 그것이 아버지로부터 내가 들은 마지막 단어였지요. 실패자. (사이. 아버지의 목소리를 흉내 내며) '너 물 속에 한번 들어와 보겠니?' '아니오.' '자, 어서 와봐.' '싫어요.' 노려본다. 문 쪽으로 뚜벅뚜벅 걸어간다. 고개를 돌린다. 노려본다. '실패자, 그게 너의 모든 것이야, 실패자란 말이야!' (문을 격렬하게 닫는 소리. 사이) 또 시작이군! (격렬한 문소리. 사이)

You wouldn't know me now, you'd be sorry you ever had me, but you were that already, a washout, that's the last I heard from you, a washout. (*Pause. Imitating father's voice.*) 'Are you coming for a dip?' 'No.' 'Come on, come on.' 'No.' Glare, stump to door, turn, glare. 'A washout, that's all you are, a washout!' (*Violent slam of door. Pause.*) Again! (*Slam. Pause.*) (96)

이 장면 속에서 헨리는 음향효과(꽝 닫히는 문소리)가 기능을 발휘하기 시작할 만큼 기억을 현실적인 것으로 만들어 낸다. 그러나 자기 아버지의 목소리를 불러내지 못하는 그의 무능력은 어쩌면 자기 아버지가 자살함으로써 자기 가족을 거부해 버린 것과 연관성이 있는 것 같다. 여기에 헨리로 하여금 바로 이 고통스러운 사건을 충분히 허구화하지 못하도록 막아 버리는 헨리의 창조 능력상의 하나의 심각한 한계가 있음을 알 수 있다. 조금 후에 헨리는 현실로부터 한 발자국 더 나아가 기억 속의 이름을 볼튼(Bolton)과 할러웨이(Holloway)로 바꿈으로써 그의 아버지의 침묵이라는 고통에 하나의 픽션적 형태를 부여하려는 시도를 하게 된다.

헨리가 대화를 나누는 두 번째 식구는 그의 처인 아다(Ada)이고 우리가 실제로 그녀의 목소리를 들을 수 있기 때문에 우리에게 가장 실제적으로 보이는 인물은 그녀다. 하지만 아다 역시 헨리의 마음속의 인물임을 가리키는 몇 가지 시사가 있다. 그녀가 등장하는 것은 바로 헨리가 그녀에 관해 생각하고 그녀를 부를 때이다.

헨리: 아다도 마찬가지야. 그녀와의 대화는 즐거웠어. 그동안 망각의 강에 흘려보냈던 죽기를 원했었던 즐거운 과거 시절에 대한 한담이었다고나 할까. (사이) 50년 전의 마가린 가격도 이야기 했지. (사이) 그런데 요즈음은. (사이. 엄숙한 분노와 함께) 요즈음 블루밴드의 가격이라니! (사이)

아버지! (사이.) 아버지와 대화하는데 지쳤어요. (사이.) 과거에도 항상 그랬죠. 걸어서 산을 넘는 동안 쉴새없이 말하다가 갑자기 입을 다물고 비참한 기분으로 집에 돌아와서는 몇 주 동안이고 누구에게도 단 한 마디도 하지 않았죠. 심통쟁이. 돌아가신 것이 더 낳은 일이었소. (긴사이.) 아다. (사이. 더 크게) 아다!

아다: (계속해서 낮고 멀리서 들리는 음성으로) 네.

헨리: 당신 거기 오래 있었소?

아다: 잠시동안이요. (사이.) 왜 말씀을 멈추세요. 나는 개

의치 마세요. (사이.) 내가 가버리기를 원하세요? (사이.) 애디는 어디 있죠? . . . .

헨리: 비교하지 말아요. 비교하지 말아요. (사이.) 당신 내 곁에 앉겠소?

아다: 그래요. (그녀가 앉는 동안 아무소리도 들리지 않는다.)

Henry: Ada too, conversation with her, that was something, that's what hell will be like, small chat to the babbling of Lethe about the good old days when we wished we were dead. (*Pause.*) Price of magarine fifty years ago. (*Pause.*) And now. (*Pause. With solemn indignation.*) Price of blueband now! (*Pause.*)

Father! (*Pause.*) Tired of talking to you. (*Pause.*) That was always the way, walk all over the mountains with you talking and talking and then suddenly mum and home in misery and not a word to a soul for weeks, sulky little bastard, better off dead. (*Long pause.*) Ada. (*Pause. Louder.*) Ada!

Ada: (*Low remote voice throughout.*) Yes.

Henry: Have you been there long?

Ada: Some little time. (*Pause.*) Why do you stop, don't mind me. (*Pause.*) Do you want me to go away? (*Pause.*) Where is

Addie? . . .

Henry: No comparison, no comparison. (*Pause.*) Are you going to sit down beside me?

Ada: Yes. (*No sound as she sits.*) Like that? (*Pause.*) (96-97)

아다는 헨리가 그녀를 생각하고 있을 때만 등장하는 인물이다. 이것은 아다가 헨리의 상상 속에 등장하는 인물임을 암시한다. 이것과 함께 아다가 허구적 존재라는 또 하나의 증거는 희미하고 멀리서 들리는 듯한 그녀의 목소리와, 소리 없는 그래서 마치 유령과도 같은 움직임에 의해서도 제시되어 있다고 볼 수 있다. 아다는 음성 이면에 어떤 확고한 육체적 실체의 암시가 없다. 그럼에도 불구하고, 헨리가 아다를 창조함으로써 얻는 성과는 그녀가 그의 아버지에 관한 대화를 어느 정도 가능케 해준다는 점이다. 호만(Homan)은 이 점을 다음과 같이 말하고 있다.

> 헨리는 고인으로부터 든, 자신의 마음으로부터 든 자기를 상상 속의 아다 에게 좀 더 가까이 가져간다. . . . 여전히, 이 같은 해변에 대한 회상은 아다 가 둔한 가정주부로부터 남편을 위한 영감의 원천으로 변하게되는 전환점이 된다. 헨리가 자신의 유일한 육체적 성공인 그 사랑의

순간을 회상하는 것은 바다에 대한 자신의 적대감을 완화시켜준다. . . . 몇 분 후 그녀는 헨리의 아버지에 대한 초상화를 그리고 있다.

> Henry brings himself closer to an imaginary Ada, from the dead or from his mind. . . . Still, this recollection of the beach stands as that turning point where Ada changes from a dull housewife to a source of inspiration for her husband. Henry's recollections of the love-making, his one physical success, softens his antipathy to the sea. . . . Minutes later she is painting the portrait of Henry's father.[5]

여러 가지 면에서 아버지에게 접근할 수가 없었던 헨리는 아버지의 존재에 관해 사색하기 위해, 아버지의 마지막 모습을 지켜보았던 아다를 필요로 하고 있는 것이다. 헨리와 아다와의 대화 속에 나타나는 상황으로 보아 헨리는 과거에 자기 가족을 버렸었던 것 같이 보인다. 그리고 아마도 이것이 아버지가 그를 거부하게 만들었던 사건이었던 것 같다. 아다는 이 집에 찾아와서 소란 속에 있는 가족을 발견했던 일을 말한다. 그리고 이 소란은 아버지가 문을 꽝 닫고 떠남으로써 끝난다. 그녀는 계속해서 다음과 같이 말한다.

아다: . . . . 나는 그 후 곧 떠났고 길가에 있던 그를 지나쳐 갔어요. 그는 나를 보지 못했었어요. 그는 바위 위에 앉아 바다를 바라보고 있었어요. 나는 결코 그의 자세를 잊지 않았어요. 그리고 그것은 흔히 볼 수 있는 자세였어요. 당신도 가끔 그런 자세를 하곤 했었죠. 그것은 그가 마치 돌로 변해 버린 듯한, 정적 그 자체였던 것 같아요. 나는 결코 그것을 이해할 수 없었어요.

Ada: . . . . I left soon afterwards and passed him on the road. He did not see me. He was sitting on a rock looking out to sea. I never forgot his posture. And it was a common one. You used to have it sometimes. Perhaps just the stillness, as if he had been turned to stone. I could never make it out. (*Pause.*) (102)

돌처럼 굳은 모습으로 바위 위에 앉아 있던 아버지의 마지막 모습에 대한 기술을 아다가 이것으로 끝내려 하자, 헨리는 미칠 듯이 아다에게 이야기를 계속해 달라고 간청한다. 이 같은 간청은 블라디미르(Vladimir)의 "제발 무슨 말이든 해보게!"(41)를 상기시켜 준다. 아다가 더 이상 별개의 외적인 인물이 아니고 그 자신의 한 부분에 지나지 않는 것이 명백하지만, 그녀와 나누는 헨리의 대화는 존재의 고통, 즉 바다의 소리를 차단하기 위해 계속되어야 한다. 비록 아다가 누설하는 정보가 불만족스럽기는 해도 헨리는 대화를 지속하기 위해 분투한다. 그녀는 그의 아버지의 자세에 관해 언급 하지만 그것에 관한 특정한 세부적인 것은 가리킬 수가 없다. 그녀는 아버지가 마지막으로 보여준 자세는 헨리가 취하는 하나의 자세를 닮았다고 지적한다. 그녀의 기술의 모호성은 이해할 수 있다. 왜냐하면 그녀는 헨리의 마음의 한 조각이기 때문이다. 따라서 기술하는 말을 실제로 공급하고 있는 자는 헨리이다. 그는 자기가 알지 못한 것을 극복하고 자기 아버지에 관해 세부적인 것을 메우기에 충분할 정도로 상상력 있는 창조자는 아니다.

아버지와 아들의 자세의 비교도 창조의 한 실패를 시사해 준다. 헨리는 자기 아버지를 자기 자신의 투영 이외의 그 무엇으로도 인식할 수 없다. 아다의 마지막 말에서(그녀가 헨리의 아버지의 자세를, 세부적으로 지적해 내려고 할 때) 이 실패는 더욱 더 명백해진다. 그녀는 몇 가지 가능성을 생각해 보지만 충분하지가 않다.

아다: . . . 그러나 당신의 아버지가 그 날 바위 위에 앉아 계시던 그 모습은 자세한 사정도 모르면서, 참 특이해! 라고 말해도 될 그런 모습이 결코 아니었어요. 그런 것이 아니었지요. 나는 결코 이해할 수 없었어요. 내가 말했듯이 그것은 마치 모든 호흡이 떠나버린 몸 전체의 깊은 정적 그 자체였던 것 같아요. (사이.)

Ada: . . . . But with your father sitting on the rock that day nothing of the kind, no detail you could put your finger on and say, How very peculiar! No, I could never make it out. Perhaps, as I said, just the great stillness of the whole body, as if all the breath had left it. (*Pause.*) (103)

여기서 아다는 그녀가 이미 했던 말을 반복만 할 수 있을 따름이다. 그녀의 말은 한 사람의 살아 있는 사람을 불러내는 것이 아니라 하나의 동상을 불러내는 격이다. 움직임도 없고 숨 쉬는 소리마저 없다. 마치 그는 죽어 있는 것 같은 모습이다. 헨리의 아버지는 따라서 그의 창조적 노력에 있어서 하나의 봉쇄 구획이라고 할 수 있다. 아다의 말을 통해서도, 헨리는 그를 단지 주검과 같은 자세로만 시각화하고 결코 그의 음성의 소리를 들을 수가 없다.

아다로 하여금 그의 아버지에 관해 말하게 해보지만, 헨리는 그녀마저도 잃는다. 이 주제(아버지)에 대한 그의 무지 때문에 그는 그녀가 말할 새로운 말을 찾을 수가 없다. 그녀는 그녀가 도착할 때와 마찬가지로 소리 없이 그를 떠난다.

헨리의 기억과 상상의 매개를 통하여 말을 하는 애디(Addie)라는 또 다른 식구가 있다. 그녀 역시 단지 헨리가 그녀를 언급한 후에만 나타난다. 그러나 비록 우리가 그의 딸인 애디의 말을 듣기는 하지만 그녀의 실제적 출현은 그녀 어머니의 그것보다 더 불확실하다.

애디와 관련된 첫 번째 에피소드는, 선생이 미친 듯이 소리를 지르고 애디는 흥분해서 우는 것으로 끝나는 한 음악 레슨이다.

> 음악 선생: (미친 듯이.)
>
> 파! 파! (그는 음계를 두들긴다.) 파란 말이야! (두들겨진 음계 파와 발작적일 정도로 커진 애디의 울음소리가 들려오다가 갑자기 뚝 멈춘다. 사이.)

> Music Master: (*Frenziedly.*)
>
> Eff! Eff! (*He hammers note.*) Eff! (*Hammered note, 'Eff!' and*

ADDIE's wail amplified to paroxysm, then suddenly cut off. Pause.) (99)

이 에피소드는 갑자기 한 격렬함의 어조로 끝난다. 두 번째 에피소드는 애디와 그녀의 승마 교관의 목소리가 음악 레슨과 병행되어 들려오는 장면이다. 그러나 이것 역시 히스테리 속에 끝난다.

(애디는 울기 시작한다.)
(말발굽소리가 들리고, '자 아가씨' 소리와 함께 애디의 울음소리가 발작일 정도로 커지다가 뚝 멈춘다. 사이.)
아다: 당신 무얼 생각하고 계세요? (사이.)

(*Addie begins to wail.*)
(*Galloping hooves, 'Now Miss!' and ADDIE's wail amplified to paroxysm, then suddenly cut off. Pause.*)
Ada: What are you thinking of ? (*Pause.*) (99)

이 같은 갑작스러운 장면과 이것을 뒤따르는 뜻밖의 침묵은 이 장면의 비현실적인 존재성을 암시한다. 아울러 이것은 헨리 자신의 창작적 무능에 대한 발작적 탄식의 소

리를 상징하기도 한다.[6]

앞에서 언급했듯이 『타다 남은 것들』(*Embers*)에서 배경과 등장인물은 헨리의 마음 밖의 세계에서는 존재하지 않는다는 많은 시사들이 있다. 이것은 그가 시간을 보내기 위해 말을 해야 할 절망적인 필요성을 가지고 있음을 의미하기도 한다.[7] 그러나 『승부의 종말』(*Endgame*)의 햄과는 달리 그의 관객이 되거나 또는 그의 말에 응답을 제공해 줄 사람이 아무도 없다. 햄은 비록 자신이 혼자라는 사실을 받아 들였을 때에도, 자신이 침묵을 견딜 수 없을 것이라는 것을 깨달았었다. 그리고 그는 자신으로부터 타인을 창조해 냄으로써 이 같은 필요성을 충족하게 될 것이라는 것도 알고 있었다.

> 햄: 그런 다음에는? (사이. 매우 흥분 된 듯이.) 모든 종류의 환상들이 있지! 나는 감시당하고 있다! 쥐 한 마리! 계단들! 숨을 멈추고 나서 그 다음엔 . . . (그는 숨을 내쉰다.) 그 다음엔 단어들이 재잘거리지. 마치 고독한 아이가 자신을 두 명, 세 명의 아이들로 변신하여, 어둠 속에 둘러 모여 함께 속삭이듯이.

Hamm: And then? (*Pause. Very agitated.*) All kinds of fantasies!

> That I'm being watched! A rat! Steps! Breath held and then . . . (*He breathes out.*) Then babble, babble, words, like the solitary child who turns himself into children, two, three, so as together, and whisper together, in the dark. (70)

이러한 관점에서 예언을 이루는 자는 헨리라고 볼 수 있다. 어떤 의미에서 보면 『승부의 종말』의 다른 인물은 햄의 조건을 가려 주는 마음을 돌리게 하는 것의 범주에 속한다고 볼 수 있다. 그러나 타다 남은 것들에서는 헨리 혼자 자신의 공연뿐만 아니라 자기의 관객과 동료 배우의 창조까지도 책임을 맡고 있다. 헨리는 다른 사람의 목소리를 듣는 것이 아니고, 그 자신의 목소리가 반향 하는 광경을 듣는 것이다.

헨리가 창조를 하려는 노력에는 두 가지 영역이 있다. 그의 첫 번째 과제는 그가 대화할 수 있는 다른 인물을 스스로 만드는 일이다. 그는 그 자신을 햄(Hamm)의 세계에 이미 장치되어 있는, 일종의 낯익고 구조를 갖춘 배경으로 자신을 둘러싸야 한다. 그가 창조한 이 "현실"내에서만 말할 이야기가 있기 때문이다. 햄의 연대기처럼, 헨리의 이야기는 상처 난 과거의 사건에 토대를 두고 있는 것

같다. 따라서 그의 두 번째 과제는 이 사건을 허구적으로 만듦으로써, 즉, 그에 대한 아버지의 배척을 허구화된 이야기로 만듦으로써 이것을 하나의 만족할 만한 해결로 이끌어 올리는 것이다. 그렇게 하는 것만이 과거의 사건이 아직도 그에게 가하고 있는 고통에서 벗어날 수 있는 길이라고 생각하기 때문이다. 그러나 주인공 헨리의 창조적 능력은 점점 더 한계를 드러낸다. 헨리는 자신의 이야기 속에서 "퇴색한 직녀성"(95)이라는 말을 반복하는데 이 말은 자신의 창조 능력의 한계와 쇠퇴를 상징적으로 의미해 준다.

> 직녀성은 거문고자리에서 가장 밝은 별인데 여기서 퇴색하고 있어: 이 명칭은 강하하는 (독수리)를 의미하는 아랍어에서 유래했지. 물론 거문고자리 그 자체는 전통적으로 예술적 창조성을 상징하지.

> Vega is the brightest star in the constellation Lyra, here fading and sickening: the name comes from the Arabic for the falling (vulture); and of course the lyre itself is a traditional emblem of artistic creation.[8]

여기서 보면, 직녀성은 예술적 창조를 상징하는 금 좌 별자리에서 가장 밝은 별이다. 따라서 그 별이 병들어 퇴색하고 있다는 말은 곧 헨리 자신의 예술적 창조 능력의 쇠퇴를 의미하는 말이다. 헨리가 햄보다 덜 유능한 창조자라는 것도 명백해진다. 햄이 자신의 연대기를 말하기 위해 특별한 순간을 선택하는 반면, 헨리는 끊임없이 다른 생각으로 인해 방해를 받기 때문에 그의 이야기를 지속할 수가 없다. 더욱이, 그의 볼튼 / 할러웨이(Bolton / Holloway)이야기와 다른 대화 사이의 경계가 선명하게 그어져 있지 않다. 그의 이야기의 한 감정적인 순간에 그는 갑자기 이 이야기에 영감을 주었던 기억의 고통에 압도돼 버리고 허구적 존재인 할러웨이를 잊은 채 "아버지!"(95)라고 외친다. 그는 다시 시작하지만 곧 동일한 혼란에 이르게 된다.

헨리는 할러웨이와 그의 아버지를 혼동하는 경향만 있는 것이 아니라 때때로 그는 그의 창조의 두 영역을 분리하는 것도 잊는다. 할러웨이는 헨리의 이야기 속의 인물이지만, 몇 번에 걸쳐 아다는 마치 그가 헨리의 가족 세계에 존재하듯이 그를 지칭하기도 한다. 각각의 경우에 Henry는 재빨리 주제를 바꾼다. 아마도 그는 아다와 할러웨이가 두 개의 다른 이야기 속에 살고 있음을 인식하고 있는 것

같다.

헨리의 이야기의 불확실한 경계뿐만 아니라 형식도 그가 햄 만큼 세심한 창조자가 아님을 보여주고 있다. 헨리의 이야기는 구체적인 어조와, 제스쳐와, 지속적인 극적 대화가 결여되어 있다. 이것은 제시 발단 부분으로부터 시작하지도 않는다. 햄은 자기 자신의 창조물에 대한 비평가로서, 스타일을 개선하기 위해 단어나 문장을 바꾼다. 그러나 헨리는 햄 보다 훨씬 더 단절적인 이야기를 말 하고 있으며, 그 역시 교정을 하기는 하지만 햄과는 다른 결과를 가져온다.

> 헨리: . . . 모든 덧문들을 . . . 아니, 커튼들, 커튼들, 모든 커튼들
> 을 치고 전등 빛, 아니 전등 빛이 아닌, 단지 난로의 불빛 속에서,
> 저기에 앉아, 아니, 서서, 저기 난로 앞에 서서 . . . . 그의 낡은
> 붉은색 화장 복을 입고 저기에 서있으면 그가 어렸을 때 그랬던
> 것처럼 언제든지 불이 붙을 수 있지, 아니, 그것이 파자마였지, 저기

어둠 속에 서서 기다리며 . . . .

> HENRY: . . . with all the shutters . . . no, hangings, hangings, all the hangings drawn and the light, no light, only the light of the fire, sitting there in the . . . no, standing, standing there on the hearthrug . . . . Standing there in his old red dressing-gown might go on fire any minute like when he was a child, no, that was his pajamas, standing there waiting in the dark . . . . (94)

이것은 스타일의 교정이 아니라 이야기 속의 사실의 교정일 뿐이다. 자주 단절되는 언어와 함께 많은 자기 순은 헨리의 비전 자체가 단절적이고 부분적임을 시사해 준다. 햄은 자신의 비전을 효과적으로 표현해 줄 적당한 단어를 항상 찾지는 못한다. 헨리는 단어에 대한 문제만 있는 것이 아니고 표현할 것도 적다. 햄의 연대기처럼, 헨리의 이야기는 하나의 간청과 거기에 대한 배척을 중심으로 하고 있다. 인간의 소외와 서로간의 의사소통의 부재 및 상호간에 관대하지 못하는 무능력이 두 창조자의 이야기에 공통된 주제이다. 볼튼과 할러웨이는 매우 유사한 것으로 묘사된다. 볼튼은 노인이고 같은 말이 할로웨이 "노인"(95)에게도 적용된다. 볼튼은 낡은 화장 복을 걸치고 있고 할러웨이는 낡은 맥팔레인 외투를 입고 있다. 이들의 자세도 현저하게 유사하다. 비록 세부적인 것은 달라도 볼튼과 할러웨이의 외적인 기술은 유사하다. 이들 두 인물에 대한 기술들은 이들이 입고 있는 의상의 낡음을 함께 담고 있다. 또한 둘 다 신체의 자세를 가리키기 위해 등에 초점을 맞추고 있다. 더욱이, 각 사람은 한 조각의 천을 양손에 갈라 잡고 있는 모습으로 묘사하고 있다. 할러웨이는 그의 외투 자락을 갈라 잡고 있고, 볼튼은 커튼을 갈라 잡고 있다. 이것과 마찬가지로 아다는 헨리와 그의 아버지를 서로 비슷한 것으로 기술했다. 그녀의 기술은 헨리의 마음 속에서 유래됐고 그는 그 자신과 자기의 아버지 사이의 차이를 규명할 수 없었다. 그의 허구의 이야기는 이 같은 혼란을 반영해 준다.

헨리의 이야기 속에서 가장 흥미로운 요소는, 하나의 상징으로서의 역할도 하고 전개되는 사건의 반영으로서의 기능도 하는 물리적 배경이다. 내부와 외부의 두 장면이 있다. 볼튼은 내부의 장면에 배치되어 있고, 그가 소개 되자마자 그의 외부 주변이 다음과 같이 기술된다.

헨리: 볼튼 (사이. 더 큰 소리로.) 볼튼! (사이.) 저기 난로

불 앞에. (사이.) 난로 불 앞에서 . . . 그리고 집안에는 어떤 소리도 들리지 않고, 다만 난로 불타는 소리만 들린다. (사이.) 그는 낡고 붉은 화장 복을 입은 채 저기 서서 . . . .

Henry: Bolton (*Pause. Louder.*) Bolton! (*Pause.*) There before the fire. (*Pause.*) Before the fire with all the shutters . . . and no sound in the house of any kind, only the sound of fire. (*Pause.*) Standing there in his old red dressing-gown . . . . (94)

볼튼은 낡은 화장 복을 입고 난로 불 앞에 서 있는 노인이다. 그는 고립되어 있다. 그의 집 커튼은 닫혀 있다. 그의 방은 어둡고 침묵 속에 있다. 헨리는 "어둠 속에서," "소리 없이," "빛도 없이"(94)와 같은 말을 되풀이함으로써 이것을 강조하고 있는 것으로 보인다. 이 말은 볼튼의 창조적 영감의 단절을 상징하는 이미지로 보이기 때문이다. 그러나 볼튼의 방에 빛과 소리가 나는 작은 출처가 하나 있다--하나의 난로 불이 있는 것이다. 그의 옷 또한 붉다. 지배적인 색깔인 검정색이 불빛의 섬광에 의해 깨어져 있다. 볼튼은 움직이지 않고 있고 그의 머리는 그의 팔에 묻혀 있다. 그는 "큰 문제"(94) 속에 혼자 있다. 우리는 그가 무엇을 기다리고 있는지 듣지 못하지만 그가, 누구인가가 혹은 무엇인가가 그를 그의 고통으로부터 구제해 주는 것을 절대적으로 필요로 하고 있다는 것은 분명하다. 이 볼튼은 스토리 창조를 위해 고뇌하고 있는 헨리 자신이 픽션화된 인물이라고 할 수 있다.

갑자기 도어 벨이 울릴 때 볼튼은 커튼을 걷고 밖을 내다본다. 상징적으로 보면, 그가 갇혀 있는 방은 그의 마음의 외로움일 수 있고 그가 커튼을 걷는 것은 어떤 희망이나 위안을 찾아 그가 바깥을 내다보는 모습을 보여준다고 할 수 있다. 다시 말해서 볼튼 / 헨리(Bolton / Henry)가 바깥세상을 내다보는 행동은 창조를 위해 또 다른 영감을 찾고 있음을 상징한다고 볼 수 있다. 그러나 그가 바깥세상에서 보는 것은 삭막함의 징조이다. 헨리가 소개되기 전에도 배경은 기술되어 있는데 이것은 살아 움직이는 세계가 아니라 혹독하게 차가운 세계이다.

> 헨리: . . . , 혹독하게 차갑고 하얀 세상이고, 삼나무는 가지들이 무거워 쳐져 있다. . . . 할러웨이가 그의 작고 검은 왕진 가방을 들고 찾아오지만, 아무런 소리

도 들리지 않고, 혹독하게 차가운, 작고 하얀 달빛이 굽어진 할러웨이의 마차 길을 비춘다. . . .

Henry: . . . , bitter cold, white world, cedar boughs bending under load and then as the arm goes up . . . enough, white world, Holloway with his little black bag, not a sound, bitter cold, full moon small and white, crooked trail of Holloway's gallopers, . . . (94-95)

이 장면은 흑백으로 구분된다. 바깥세상에는 위안이 되는 모닥불의 섬광마저도 없고 차갑게 빛나는 눈과 삭막한 흰 달빛만이 비치고 있다. 이것은 볼튼 / 헨리(Bolton / Henry)의 외부 세계가 삭막하고 불모성인 것을 상징한다.

할러웨이는 검은색 왕진 가방을 들고 들어온다. 그가 의사라고 하는 점, 즉, 절망적인 긴박함 속에 있는 사람에게 어떤 위안을 줄 수 있는 사람이라고 하는 점은 적합한 것이다. 그러나 그의 첫 말은 위안을 주는 것이 아니라 그가 속한 바깥 장면처럼 차갑고, 의례적이다.

헨리: . . . , 할러웨이: '볼튼 씨, 이제 자정이 지났으니 당신이 참을 수만 있다면--', 더 이상 말이 없다, . . . '제발! 제

발!' 그 다음은 완전한 침묵이고 아무 소리도 들리지 않는다. . . . , 이제 난로 불은 꺼져가고, 할러웨이는 그의 엉덩이를 난로 불에 쬐려하고 있다. . . .

Henry: . . . , Holloway: 'My dear Bolton, it is now past midnight, if you would be good enough--', gets no further, . . . 'Please! PLEASE! Dead silence then, not a sound, ... burning down now, Holloway on the hearthrug trying to toast his arse, ...(95)

여기에는 볼튼의 고뇌에 찬 "'제발! 제발!'"(95)이라는 말이 나온다. 다시 한 번, 간청에 대한 반응의 부재를 전달해주는 것은 등장인물의 말이 아니라 배경이다. 마지막 희망과도 같은 불빛마저도 꺼져 가고 있는 것이다. 이때 절망 속에서 볼튼은 다시 한 번 창가로 다가간다. 그러나 그는 여전히 아무런 희망도 발견하지 못한다. 왜냐하면 할러웨이가 속한 세상은 얼음 조각처럼 무감각하기 때문이다. 내부적으로는 마지막 온기가 잿불로 변하고 있다.

이 작품에서 할러웨이는 헨리 / 볼튼의 "스토리를 이끌어 갈 작중 인물"[9]을 상징한다. 할러웨이가 볼튼이 간청하는 것을 제공하지 못하고 있는 동안 방안의 불은 꺼져 가고 있는 상황이다. 이런 관점에서 볼 때 볼튼이 할러웨이에게 간청하고 있는 것은 창조의 에너지를 상징하는 불인 것으로 볼 수 있고, 방에 불이 꺼져 가는 것은 할러웨이가 그것을 제공하지 못하고 있음을 의미함과 동시에 헨리의 픽션 창조의 노력이 실패하고 있음을 상징한다.

마침내 차가운 달빛이 방에 들어 왔다. 할러웨이는 모든 희망을 죽여 버렸고 방은, 바깥세상이 "혹독한 차가움"(95)인 것과 마찬가지로, "혹독한 차가움"(96)이다. 볼튼과 할러웨이의 직접 대면은 청색의 색깔이 암시하는, 마주보는 차가움의 응시뿐이다.[10] 볼튼은 마지막 간청을 해보지만 응답이 없다. 촛불이 낮게 타고 있고 모닥불은 꺼져 있을 뿐만 아니라 잿더미까지도 이제는 차갑다. 완전한 절망의 시점에서 헨리는 더 이상 그의 픽션을 유지할 수가 없고 3인칭 화법의 인습은 깨져 버린다.

> 헨리: 촛불은 흔들리고 이제는 사방에 녹아 내려서, 지쳐 버린 늙은 팔이 다른 손으로 그것을 다시 높이 쥐어든다. 그렇다. 항상 이러했다. 밤에, 난로의 타다 남은 잿불은 사그라지고, 촛불은 당신의 늙은 주먹 속에서 흔들리고, 제발! 제발!이라고 말하고. (사이.)

Henry: Candle shaking and guttering all over the place, lower now, old arm tired takes it in the other hand and holds it high again, that's it, that was always it, night, and the embers cold, and the glim shaking in your old fist, saying, Please! Please! (*Pause.*) (104)

여기에 인용된 "당신의 늙은 주먹"에서 소유 대명사의 변경과 "제발! 제발!"에 대한 인용부호의 부재는 간청을 하고 있는 자는 헨리이지 볼튼이 아님을 가리켜 준다. 이것은 헨리가 "아다! . . . 아버지! . . . "(104)라고 부를 때 즉시 확인된다. 그는 자신의 고통을 허구의 이야기로 전환시킬 수가 없다.

그는 잠시 그의 이야기로 다시 돌아오고 말없는 극적 장면(tableau)이 나온다.

> 헨리: 그것을 다시 높이 쥐어 든다, 더러운 세상, 할러웨이를 응시한다, 눈길을 피해버린다, 다시는 부탁하지 않을 듯, 그저 바라만 본다, 할러웨이는 그의 얼굴을 가리워 버린다, 아무 소리도 들리지 않는다, 혹독하게 차가운, 하얀 세상, 노인들이, 큰 고뇌 속에, 속수무책이다.

> Henry: Holds it high again, naughty world, fixes Holloway, eyes

drowned, won't ask again, just the look, Holloway covers his face, not a sound, white world, bitter cold, ghastly scene, old men, great trouble, no good. (*Pause.*) (104)

할러웨이는 볼튼으로부터 자신의 배척하는 눈길 마저 감추어 버렸다. 볼튼은 더 이상 간청하지 않을 것으로 보인다. 이 인물 사이에 더 이상의 의사 소통은 없을 것으로 보인다. 이것은 헨리 / 볼튼이 발이 소신되어 그의 창소의 막다른 골목에 다다르게 되었음을 의미한다고 볼 수 있다. 헨리은 "아무 소용없어"(104)라고 절망적으로 외친다. 고통스런 현실 의식을 상징하는 바다의 소리를 피하려는 헨리의 픽션 창조의 노력은 실패한 것이다.[11] 헨리의 절망적인 탄식과 함께 다시 바다의 소리가 들려오면서 극이 끝나기 때문이다.

이 작품 속에서 주인공 헨리가 끊임없이 자기의 과거 존재 속의 인물을 불러내 어떤 대화를 나누거나 허구적 스토리를 계속하려는 것은 그가 침묵할 때 들려오는 바다 소리를 피하기 위해서다. 바다의 소리는 존재의 고통에 대한 의식의 상징이다. 그러나 헨리는 차갑게 꺼지고 있는 난로불이 상징하듯, 이 의식을 어떤 객관화된 이미지나 스토리로 승화시키는데 실패하고 있는데, 그 이유는 인간의 근원적인 존재 조건에 기인한다고 볼 수 있다. 즉, 헨리의 예술 창조의 실패도, 앞에서 언급했었던 무대극 인물들의 자아 정체성이나 삶의 의미 추구가 실패할 수밖에 없었던 것과 마찬가지의 이유에 토대를 두고 있다는 것이다. 다시 말해서, 인간의 예술 창조 시도가 실패할 수밖에 없는 것은 시간의 작용이 존재의 실체를 끊임없이 변화시켜 버리기 때문에 인간의 존재에 대한 비전은 단편적일 수밖에 없고, 아울러 인간이 표현의 매체인 언어를 통제할 수 있는 능력도 불완전하기 때문으로 볼 수 있다. 결국, 라디오극인 『타다 남은 것들』(*Embers*)은 타인과의 직접적인 접촉이나 대화를 통한 가상의 정체성 추구가 불가능 한 상태에 있는 주인공 헨리의 의식 작용 추적을 통해, 존재의 고통은 예술적 창조를 통해서도 극복될 수 없는 것임을 제시하고 있다.

Ⅵ. 『카스칸도』 : 자아 객관화의 실패

『카스칸도』(*Cascando,* 1963)를 『승부의 종말』(*Endgame*)이나 『타다 남은 것들』(*Embers*)에 비교해 보면 픽션 장소의 제시에 있어서 하나의 근본적인 변화가 있음을 알 수 있다. 『승부의 종말』에는 물리적 배경과 관객의 한가운데 위치해 있는 중심적인 화자인 햄(Hamm)이 있었으며, 『타다 남은 것들』에서는 헨리(Henry)가 중심적인 화자였고 다른 인물이나 배경은 헨리 마음의 투영들이었다. 햄과 헨리는 자신들의 이야기에 정도의 차이는 있지만 각각, 얼마큼 나름대로의 통제력을 가지고 있었다. 그리고 이들의 이야기들은 외적인 사건들에 바탕을 두고 있었다. 그러나 『카스칸도』에는 어떤 중심적인 인물이 더 이상 없다. 대신, 여기에는 한 예술가의 "존재의 조각들"[1]만 등장한다. 『카스칸도』를 분석하는 이 장에서는, 예술가의 의지를 상징하는 오픈어(Opener)가 자아의 실체를 포착하여 그것에 하나의 예술적 형태를 부여하려는 시도가 실패하는 과정을 그 상징성과 함께 분석함으로써, 존재의 고통을 의식하는 인간의 자아는 어떤 예술적 이미지로 완벽하게 승화될 수 없는 것임을 다시 한 번 제시하고자 한다.

이 작품에 등장하고 있는 "존재의 조각들"은 모두 의인화되어있다. 그중 가장 낮은 차원에 우번(Woburn)이 있는데 그는 필사적으로 죽음을 구하나 자주 그의 얼굴을 땅바닥으로부터 들어 올림으로써 계속 살아가는 자이다. 그가 얼굴을 땅바닥에 감추는 것은 암흑을 추구하는 것이며 빛을 피하려는 시도로 볼 수 있다. 이 작품에서 그의 암흑에 대한 추구는 거의 본능적으로 보인다. 그의 이 같은 행동은 자신의 정체를 감추려 하는 본능적 속성이 그에게 있음을 의미한다. 우번의 암흑에 대한 추구에 대해 하나의 부분적인 전망을 부여할 수 있는, 약간 더 높은 차원에 보이스(Voice)와 뮤직(Music)이 있다. 주기적으로 뮤직에 의해 도움을 받는 보이스는 우번의 이야기를 말 하며, 그 이야기가 적절히 끝날 때까지는 자신의 침묵과 어둠 속에서 평화를 찾을 수가 없다. 그러나 이것은 어려운 일이다. 왜냐하면 우번이 그의 삶을 끝마칠 수가 없기 때문이다. 보이스 에서는 얼마큼의 자기 의식을 감지할 수 있다. 극의 시작 부분에서 그는 자신을 "너"[2]라고 말하고 자신의 피곤함을 기술하며 아울러 그가 처한 조건에 대한 해결책도 기술한다. 그 다음의 차원에는 보이스와 뮤직의 분출을 지시하는 오픈어가 있다. 그러나 오픈어는 해일(Hale)이 논하듯이, 이야기의 내용에 대해서는 효과적인 통제력이 없다.[3] 우번은 죽음을 찾아 애를 쓰고 있고 보이스는 이 같은 수고를 낱낱이 말하는 동안 숨을 헐떡거리며 쇠진해 있을 때 오픈어의 목소리의 톤을 가리키는 무대 지문은"차가운"(137)이다. 그가 보이스를 라디오처럼 켰다 껐다 하는 동안 그는 무감각하다. 햄이나 헨리와는 달리 이 지시자는 열었다, 닫았다 하는 그의 기능과 별도의 어떤 존재 방식도 거의 보여주지 못하고 있다.[4]

비록 그 소리는 결코 들리지 않지만 오픈어에 대해 하나의 전망을 가지고 있는, 또 다른 의식이 있는 것으로 보인다. 오픈어는 때때로 자기를 판단하며, 자기의 행동들에 대해 평가 해주는 다른 의식에 대해 다음과 같이 가리킨다.

> 오픈어: 그들은 말하지, 그는 아무 것도 열지 않는다, 그는 아무 것도 열 것이 없다, 그것은 그의 머릿속에 있

다라고. 그들은 나를 보지 못하고, 그들은 내가 하는 일을 보지 못 하며, 그들은 내가 가지고 있는 것을 보지 못한다, 그들은 말하지, 그는 아무 것도 열지 않는다, 그는 아무것도 열 것이 없다, 그것은 그의 머릿속에 있다 라고.

Opener: They say, He opens nothing, he has nothing to open, it's in his head. They don't see me, they don't see what I do, they don't see what I have, and they say, He opens nothing, he has nothing to open, it's in his head. (140)

오픈어는 자신의 비전을 아무 것도 볼 수 없다고 말하는 "그들"이라는 존재를 의식하고 있다. 따라서 햄과 헨리에게는 자신들의 행동에 코멘트를 해주는 클로브(Clov)와 아다(Ada)가 각각 있었다면, 오픈어를 위한 관객은 "그들"이라고 볼 수 있다. 물론 "그들"은 라디오 관객(청취자)을 상징할 수 있다. 왜냐하면 그들 또한 헨리의 청취자들처럼 오픈어가 무엇을 하고 있는지 볼 수 없으며 따라서 그 행동이 그의 마음속에 있다고 판단하는 존재들이기 때문이다.

작품 속의 인물들인 오픈어, 보이스, 뮤직, 우번 등은 이들의 마지막 순간들을 연기하고 있는 것으로 보인다. 그러나 비록 이들 모두가 소멸을 기다리고 있지만 소멸은 고도처럼 결코 올 것 같지 않다. 이들의 기능들은 별도로 분리되어 있지만 이것들 각각은 상대방의 진행에 의존하고 또한 그것을 반향 한다. 보이스는 우번이 죽을 때까지 계속해서 말을 해야만 한다. 우번에 관한 보이스의 이야기는 비교적 구체적이기 때문에 가장 이해할 만하다.[5]

> 보이스: 우번 . . . 나는 다시 시작한다 . . . 긴 삶을 . . . 이미 . . . 당신이 좋아하는 것을 말하지 . . . 몇 가지 불행들 . . . 그것은 충분해 . . . 5년후 . . . 10년 . . . 모르겠어 . . . 우번 . . . 그는 변했어 . . . 충분하지는 않지만 . . . 우번 . . . 동일한 낡은 외투 . . . 곧장 바다로 . . . 언덕들을 떠났다 . . . 그는 선택의 기회가 있어 . . .

> Voice: Woburn . . . I resume . . . a long life . . . already . . . say what you like . . . a few misfortunes . . . that's enough . . . five years later . . . ten . . . I don't know . . . Woburn . . . he's changed . . . not enough . . . Woburn . . . same old coat . . . right the sea . . . left the hills . . . he has the choice. . . (137)

여기서 "그는 변했어 . . . 충분하지는 않지만"이라는 구절은 우번의 문제점을 조명해 준다. 왜냐하면 그는 끊임없이 죽으려 해보지만, 비록 그의 존재 방식이 항상 쇠퇴하고 있다고 할지라도, 그는 삶에서 죽음으로의 근본적인 변화를 할 수 없는 것으로 보이기 때문이다. 이 극에서 다섯 번 반복되는 "동일한 낡은 외투"라는 말은 잘 포착되지 않는 우번에 대한 보이스와 뮤직의 추적의 노력이 반복 되풀이 되어왔음을 의미한다고 볼 수 있다. 여기서 보이스와 뮤직은 오픈어가 자신의 예술 창조를 위해 의존하고 있는 도구들임을 알 수 있다. 즉, 보이스는 이성에 바탕을 둔 말을 상징하고 뮤직은 감정을 상징한다고 볼 수 있다.

우번은 다른 곳에서 잠을 잘 수 있기 위해 밤을 기다리고 있다. 그는 창문이 어두워지면 "무릎을 세우며"(137) 일어난다. 여기서 창이 어두워짐은 예술가를 상징하는 오픈어의 우번에 대한 의식이 흐려지는 순간을 의미하며, 무릎을 세우며 말없이 일어나는 동작은 우번의 변화의 은밀함과 은연성을 의미한다고 볼 수 있다. 보이스가 묘사하는 우번에 대한 이야기는 그가 죽음을 발견할 희망을 가지고, 넘어진 자세로부터 다시 자신을 일으켜 세우면서 부단히 바다를 향해 나아가는 동작의 연속이 된다. 그리고 이 시리즈는 일종의 아래를 향한 나선형의 형태를 이루게 된다고 볼 수 있다. 왜냐하면 그가 이동하는 지리적 위치가 계속해서 낮아질 것이기 때문이다. 점점 더 낮아짐으로써 우번은 어두움에 접근한다. 하지만 그는 항상 그의 머리를 들고 불빛들을 바라다보는 유혹을 받는데 이 불빛들은 끈질기게 그를 추적한다. 여기서 불빛들은 우번을 추적하고 있는 오픈어의 의식을 상징한다고 볼 수 있다. 우번의 하향 진행의 나선형은 그것의 첫 꼬임을 다음과 같이 시작한다.

> 보이스: --내려간다 . . . 완만한 비탈길들을 따라 . . . 나아간다 . . . 거대한 미루나무들 . . . 나뭇가지들 사이로 바람이 불고 . . . 희미한 바다소리 . . . 우번 . . . 동일한 낡은 외투 . . . 그는 계속 나아간다 . . . 멈춘다 . . . 아무도 없다 . . . 아직은 아니다 . . . 밤인데 너무 밝은 불빛들이 . . . 당신이 좋아하는 것을 말한다 . . . 그는 계속 나아간다 . . . 둑을 움켜잡고 . . . 동일한 낡은 지팡이 . . . 그는 계속 내려간다 . . . 넘어 진다 . . . 고의 적이든 아니든 . . . 볼 수가 없다 . . . 그는 쓰러져 있다 . . . 그 점이 중요하다 . . . 얼굴이 진흙 속에 묻혀 있고 . . . 두 팔은 펼친 채 . . . 바로 그거야 . . . 이미 . . . 거기서 이미 . . .

Voice: --down . . . gentle slopes . . . boreen . . . giant aspens . . . wind in the boughs . . . faint sea . . . Woburn . . . same old coat . . . he goes on . . . stops . . . not a soul . . . not yet . . . night too bright . . . say what you like . . . he goes on . . . hugging the bank . . . same old stick . . . he goes down . . . falls . . . on purpose or not . . . can't see . . . he's down . . .that's what counts . . . face in the mud . . . arms spread . . . that's the idea . . . already . . . there already . . . (138)

이처럼 우번이 어둠 속에서 바다를 향해 내려가며 애쓰는 동안 밤의 빛은 우번을 꾸준히 추적한다. 우번이 그의 얼굴을 진흙 속에 묻고 엎드려 있을 때는 그의 죽음에 대한 가능성이 있어 보인다. 그를 추적하고 있는 보이스와 뮤직이 그를 붙잡아 정체를 밝힐 수 있을 것이라는 희망이 있는 것이다. 그러나 이 희망은 잠시 뿐이다. 그는 일어나서 다시 내려가기 시작한다. 이제 그는 진흙으로부터 해안을 따라 전개돼 있는 모래 언덕으로 이동한다. 이것은 죽음과 창조성을 동시에 상징하는 바다가 가까워짐을 의미하기도 한다.

보이스: --넘어진다 . . . 다시 한번 . . . 고의적이든 아니든 .

. . 볼 수가 없다 . . . 그는 쓰러져 있다 . . . 얼굴을 모래 속에 파묻고 . . . 두 팔을 벌린 채 . . . 발가벗은 모래 언덕들 . . . 나무 한 그루 없다 . . . 동일한 낡은 외투 . . . 바다 소리가 더 크게 들려온다 . . . 천둥소리 . . . 거품 이는 파도의 갈기들 . . . 더 이상 찾지 않는다 . . . 잠든다 . . . 하지만 아직은 아니다 . . .

Voice: --falls . . . again . . . on purpose or not . . . can't see . . . he's down . . . face in the sand . . . arms spread . . . bare dunes . . . not a scrub . . . same old coat . . . sea louder . . . thunder . . . manes of foam . . . no more searching . . . sleep . . . no not yet . . . (139)

그러나 그가 하향의 밑바닥에는 아직 도달하지 못했다는 징후들이 있다. 그는 여전히 동일한 외투를 입고 있으며, 우번을 하나의 주제로 삼아 그 본실을 파악하려는 예술가의 의식을 상징하는 밤의 빛들이 아직 흰 모래 언덕들과 흰 파도들에 의해 반영 되어 있기 때문이다. 이것은 우번이 예술적 비전의 대상으로서 그 정체가 끈질기게 탐구 돼왔으며 아직도 추적이 끝나지 않았음을 동시에 의미한다. 우번은 자아의 본질을 상징한다고 볼 수 있고, 이것은 끊임없이 이동하는 습성이나 얼굴을 감추려는 속성 때문에 오픈어의 의식이 이것을 완벽하게 포착하지 못하고 있는 것이다.

작품이 끝날 때까지 우번의 이동은 계속되고 있고 그의 이동은 차츰 바다를 향한 이동임을 알 수 있다. 그는 마지막 단계에서 조야한 뗏목 하나가 떠 있는 물가에 도달한다.

> 보이스: --키 손잡이도 없고 . . . 좌석도 없고 . . . 노 도 없고 . . . 떠 있다가 . . . 휩쓸려 나갔다가 . . . 다시 돌아오며 . . . 좌초했다가 . . . 빠져나와서 . . . 밖으로 . . . 우번 . . . 그가 이것을 타고 . . . 납작하게 . . . 얼굴을 밑바닥에 . . . 두 팔을 벌린 채 . . . 동일한 낡은 외투 . . . 두 손으로 움켜잡고 . . . 가장자리를 . . . 아니 . . . 모르겠어 . . . 그가 보인다 . . . 그는 계속 달라붙어 있다 . . . 바다로 나간다 . . . 어느 쪽으로도 나아가지 못한다 . . . 섬을 향해 . . . 그리고는 더 이상 움직이지 않는다 . . . 그렇지 않으면--

> Voice: --no tiller . . . no thwarts . . . no oars . . . afloat . . . sucked out . . . then back . . . aground . . . drags free

. . . out . . . Woburn . . . he fills it . . . flat out . . . face in the bilge . . . arms spread . . . same old coat . . . hands clutching . . . the gunnels . . . no . . . I don't know . . . I see him . . . he clings on . . . out to sea . . . heading nowhere . . . for the island . . . then no more . . . else-- (141-42)

이처럼, 조야한 뗏목에 올라타 얼굴을 파도에 묻은 채 표류하고 있는 우번은 이제 죽음 가까이에 접근해 있는 것으로 보인다. 바다는 죽음과 창조를 동시에 상징한다. 따라서 우번이 바다에서 죽는다는 것은 그가 하나의 주체로서 완성됨을 상징한다고 볼 수 있다. 그러나 그가 물속에 얼굴을 묻은 채 여전히 죽지 않고 남아 있을 지도 모른다는 하나의 시사가 있다.

보이스: . . . 불빛들은 사라졌다 . . . 유지이 . . . 모두 사라졌다 . . . 거의 모두 . . . 너무 멀리 . . . 너무 늦게까지 . . . 하늘의 . . . 그것들은 . . . 당신이 좋아한다면 . . . 그는 단지 . . . 몸을 뒤집기만 하면 . . . 그것들을 볼 것이다 . . . 그를 향해 빛나고 있는 것을 . . . 그러나 그러지 않는다 . . . 그는 계속 달라

붙어 있다 . . . 우번 . . . 그는 변했다 . . . 거의 충분히 --

Voice: . . . lights gone . . . of the land . . . all gone . . . nearly all . . . too far . . . too late . . . of the sky . . . those . . . if you like . . . he need only . . . turn over . . . he'd see them . . . shine on him . . . but no . . . he clings on . . . Woburn . . . he's changed . . . nearly enough-- (143)

여기서 "그가 변했어 . . . 거의 충분히"라는 보이스의 표현은 우번이 비록 하향의 마지막 단계에 도달은 했지만 그가 아직 죽은 것은 아님을 의미하기 때문이다. 보이스가 주춤거리며 단절적으로 상세한 설명을 계속하는 동안 또 다른 의미 있는 변화가 나타난다.

보이스: --거의 . . . 단지 몇 가지만 . . . 몇 가지만 더 변한다면

뮤직: (함께) . . . . 더 . . . 나는 거기에 있다 . . . 거의 . . . 우번 . . . 이것이 그자이다 . . . 이것이 그자였다 . . . 내가 그를 붙잡았다 . . . 거의--

Voice: --nearly . . . just a few . . . a few more MUSIC: (*Together*.)

. . . . more . . . I'm there . . . nearly . . . Woburn . . . it's him . . . it was him . . . I've got him . . . nearly-- (144)

여기서 보이스는 "이게 그였지"라고 과거 시제로 말하거나 "이제 그를 잡았다"와 같은 완료 시제로 말함으로써 우번의 죽음을 확인한 듯 하다가 결국은 "거의"라는 말로 말끝을 흐려 비린다. 호먼(Homan)은 이 극의 종말에 우번이 죽는 것으로 간주하며 그 의미를 다음과 같이 해석한다.

> 참으로, 여기서 보이스와 우번은 매우 가까이 있는 것처럼 보인다. 우번의 여정은 예술가가 자신의 눈과 관객의 눈앞에 판단되어질 여정이기도 하기 때문이다.: 우번 이 바다에 도달하는 것은 보이스가 자신의 스토리를 완성하는 것과 같다. 우리가 『타다 남은 것들』에서 보았듯이, 바다는 창조성과 함께 죽음의 원천이다, 그리고 이 같은 이분법은 등장인물인 우번이 바다에서 죽는 이 장면에서 강조되어진다. 이 죽음은 또한 재생의 반향을 지니기도 한다.
>
> Indeed, Voice and Woburn seem very close here, for Woburn's journey is also the journey by which the Artist will be judged, in

> his own "eyes" and those of the audience: Woburn's reaching the sea is a correlative for Voice's completing his story. That sea, as we have seen in *Embers*, is a source both of creativity and death, and this dichotomy is underlined here when, as a character, Woburn dies at sea. That death also has echoes of a rebirth.[6]

여기서 우번이 종말에 죽는다는 호먼의 견해는 받아들이기 어렵다. 왜냐하면 비록 지금까지의 변화들이 우번의 죽음을 가리키는 것으로 보이기는 하지만 곧 바로 이어지는 "거의" 라는 말이 아직 그가 완전한 죽음에 이르지는 못했음을 가리키는 시사이기 때문이다. 우번이 창조와 죽음을 동시에 상징하는 바다에 접근한 상태에서 죽음을 얻지 못하는 것은 자아를 상징하는 우번이 하나의 주제로서 끝나지 못하고 있다는 것과 예술가가 자신의 비전에 하나의 예술적 형태를 부여하려는 끈질긴 창조 작업에서 실패하고 있음을 상징적으로 암시하고 있다고 볼 수 있다. 해일(Hale)은 이 같은 불완전한 종말에 대한 암시를 이 극의 타이틀에서도 찾아볼 수 있다고 주장한다.

"카스칸도"라는 말은 "떨어지고 있다"를 의미하는 이태리어 현재 진행형이다. 『승부의 종말』에서처럼 타이틀이 다시 한번 극이 취할 전반적인 형식과 방향을 시사해준다: 종말을 향한 점점 줄어들고 축소 되가는 움직임이 그것이다. 그러나 이 같은 종말은 결코 오지 않으며, 종결이 아니라 진행을 의미하는 현재분사의 타이틀을 선택한 것은 따라서 특별히 의미가 있다.

> The word cascando is an Italian present participle that means "falling." Once more then, as in *Endgame*, the title indicates the general form and direction the play will take: a gradual diminishing, winding down, movement towards an end. This end, however, never comes, and the choice for the title of a present participle signifying progression rather than termination is thus particularly significant.[7]

여기서 "카스칸도"(cascando)가 "넘어짐"의 완성이 아니고 현재 진행형 상태인 넘어지고 있음을 의미한다는 것은 우번의 이동이 끝나지 않을 것임을 암시해 준다고 볼 수 있다. 우번이 이처럼 결정적이지 못한 종말로 내려가고 있는 동안 보이스 역시 그의 이야기 속에서 일종의 넘어짐을 경험한다. 이것은 보이스의 존재 방식이 우번의 이야기를 말하는데 있기 때문이다.

보이스는 자신의 상황에 대해 어떤 전망을 명백히 가지고 있는 것으로 보인다. 왜냐하면 그는 자신이 항상 이야기하는 일에 연루되어 왔음과 자신이 종말에 도달했다고 끊임없이 생각하지만 결국 다시 시작해야만 한다는 점을 인정하기 때문이다. 보이스의 이야기와 그것의 주제인 우번은 일어섬과 넘어짐의 순환과정을 함께 경험하는 것이다. 따라서 우번과 마찬가지로 보이스도 존재하는 것을 완전히 멈출 수 없다. 이 극이 끝나는 순간에 보이스는 중얼거림을 멈추지 않고 있다. 이 같은 상호 연계성은 우번이 예술가가 포착해서 표현하기를 갈망하는 자아의 본질을 상징하고, 보이스는 예술가의 표현 수단인 말을 상징한다는 이론을 뒷받침해 준다고도 볼 수 있다.

예술가 또는 예술가의 의지를 상징하는 오픈어의 존재 방식은 우번의 육체적 특징과 보이스의 정신적 투쟁으로부터 어느 정도 거리가 있는 것으로 보인다. 하지만 이것 역시 우번과 보이스의 하향에 상응하는 일종의 하향 진행을 겪고 있다는 몇 가지 시사들이 있다. 오픈어가 냉담하게 ". . . 때는 5월이군 . . . 나에게는"(137)이라고 말함으로써 『카스칸도』(*Cascando*)가 시작되는데 이 말들은 이 극에서 변형된 형태로 또 한 번 반복되어 진다. 오픈어가 "그래, 맞아, 5월이 끝난 거야, 긴 나날들이었지"(142)라고 5월에 관해 언급한 이 말은 우번이 바다로 떠내려가면서 죽음을 향해 갈 때 나온다. "5월이 끝난 거야"라는 말은 오픈어에게 있어서 재생을 의미하는 계절이 끝나 가고 있음을 시사해 준다. 또 한편 생각해 볼 수 있는 것은 오픈어가 언급했던 5월은 전통적으로 재생(rebirth)과 연관된다. 이것은 하나의 스토리에 대한 종말을 집요하게 추구하고 있는 이 극 속에서 얼핏 보면 모순적 성격의 계절일 수도 있다. 그러나 오픈어가 추구하고 있는 스토리의 종말이 우번("보이스, 뮤직, 오픈어에 의해 인식의 대상으로서 확실하게 포착되지 않고 있는 늘 변해버리는 자아")[8]의 끊임없는 재생에 의해 방해되고 있다는 관점에서 볼 때는 오픈어에게는 고통스러운 재생의 계절이라는 의미일 수 있다. 오픈어는 예술가로서 자아에 대해 어떤 형태를 부여하려는 강한 충동을 가지고 있다고 하더라도, 우번이 상징하는 자아는 완벽하게 포착될 수 있는 대상이 아니기 때문이다. 더욱이 우번에 대한 추적이 진행되는 동안 보이스가 사용하는 언어는 점점 한계에 도달해 간다. 보이스의 기술은 시간이 흐를수록 단편적인 문장과 멈칫거리는 말이 많아지고 있고, 마지막에는 침묵 속에서 간헐적으로 중얼거릴 뿐이다. 오픈어 자신의 언어는 진부한 말투나 공허한 논리의 뼈대에 지나지 않는 언어를 사용하는 경우가 많아 삶의 실체를 표현할 능력이 없으며 보이스의 언어 구사에도 오히려 방해가 되는 경우가 많다. 이것은 오픈어가 예술 창조 과정 전반에 대해 효과적인 통제 기능을 수행할 수 없음을 의미하기도 한다.

오픈어가 자신이 도달하고자 하는 목표의 본질에 관해 다음과 같이 말하는 대목이 나오는데, 이 말은 작가가 『카스칸도』의 주제라고 할 수 있는 예술 창조의 궁지를 상징적 이미지를 통해 강조하고 있는 내용이라고 볼 수 있다.

오픈어: 그것이 무엇인지 내 자신에게 물어 본적이 있었다.
그것은 산보라고 내가 대답하곤 했었다.
두 번의 산보를 하고.
그 다음은 돌아온다.
어디로 산보를 하는가?
마을로.
주막으로.
두 번의 산보를 하고, 마침내 돌아온다, 마을로,
주막으로, 거기에 이르는 유일한 길을 따라.
다른 어떤 것과도 같은 하나의 이미지.

Opener: There was a time I asked myself, What is it.
There were times I answered, It's the outing.
Two outings.
Then the return.
Where?
To the village.
To the inn.
Two outings, then at last the return, to the village,
to the inn, by the only road that leads there.
An image, like any other. (143)

여기서 두 번의 산보는 보이스와 뮤직에 상응하는 것일 수 있다. 즉, 마을은 이성을 상징하고 주막은 감정을 상징한다고 볼 수 있는데, 이것들은 오픈어가 소유하고 있는 두 개의 도구들인 보이스와 뮤직이 각각 상징하고 있다고도 볼 수 있다.[9] 여기서 오픈어가 마을과 주막을 오가는 산보는 어느 곳에도 확실하게 이르지 못하고 있는 것으로 보이고, 이것은 오픈어가 말과 감정에 의지하여 어느 목표에 도달하는 일에 실패하고 있는 것, 즉, 예술 창조에 실패하고 있음을 상징적으로 함축하고 있는 하나의 이미지가 된다고 볼 수 있다.

베케트는 『카스칸도』에서 인간의 자아를 규명하여 그것에 하나의 예술적 형태를 부여하려는 인간의 예술적 창조 과정이 실패하는 모습을 그 한계 상황까지 탐구하고 있다. 예술가의 의지인 오픈어는 자신의 창조의 도구들인 보이스와 뮤직에 의존하여 자아의 상징인 우번을 추적해 그 본질을 예술의 형태로 표현하기를 시도해 보지만 우번의 정확한 실체는 포착되지 않으며, 그를 기술하는 보이스의 언어는 한계에 도달해 있다. 우번이 하나의 주제로서 끝나고 예술적 이미지로 변형되지 못하고 있는 것은 예술 창조가 실패하고 있는 것을 의미한다.

베케트는 인간의 예술 행위를, 존재의 고통을 의식하고 있는 자아를 어떤 이미지나 스토리로 객관화함으로써 그것에서 벗어나고자 하는 인간의 욕구에서 비롯된 것으로 간주한다. 따라서 베케트 작품의 주된 주제의 하나인 예술 창조의 실패는 곧 예술 행위를 통해 존재의 고통에서 벗어나고자 하는 인간의 시도 역시 실패할 수밖에 없음을 의미한다.

Ⅶ. 『언어와 음악』 : 예술적 창조의 궁지

베케트가 1962년에 발표한 『언어와 음악』(*Words and Music*)에서는 『승부의 종말』, 『타다 남은 것들』, 『카스칸도』 등 그의 다른 주요한 극작품들에서처럼, 등장인물들에게 예술적 창조자들로서의 기능이 부여 되어 있고 이들은 "침묵과 공허에 의해 삼켜지는 것"(being swallowed up by the silence and the void)(Preto 103)을 피하기 위해 주제들에 대한 창조적 정의나 존재의 고통에 대한 예술적 창조를 끊임없이 시도하지만 실패하고 있다. 예술가의 언어적 측면을 상징하는 워즈(Words)가 구사하고 있는 언어는 경험과 괴리되어 생명력이 없는 공허한 말들이며, 예술가의 감정을 상징하는 뮤직(Music)의 창조기능도 한계에 도달한다. 이것은 곧 이 작품에서 예술가의 의지를 상징하는 크록(Croak)이 워즈와 뮤직을 통한 집요한 시도에도 불구하고 어떤 주제나 삶의 비전 및 끊임없이 자신을 따라다니는 과거에 대한기억을 만족할 만한 예술적 형태로 구체화하는데 실패하고 있음을 의미한다. 이 작품에서 예술은 불모성 그 자체이며 예술가의 창조의 시도는 궁지에 달해있다. 이 극에서 워즈에 의해 낭송되어 지는 "이야기들"은 이야기들 이라기보다는 네 가지의 주제들인 나태, 사랑, 나이 및 얼굴에 대한 정의의 시도이다. 이것들은 두개의 그룹으로 나누어 질 수 있는데 이것들 각각은 창조의 실패를 보여준다. 이 들에 대한묘사는 나태에 대한 다음과 같은 정의로 시작되어 진다.

> 워즈: 나태란 모든 열망들 중 가장 강력한 열망이고 참으로 그 어떠한 열망도 나태의 열망 보다 더 강렬하지는 않는바, 이것은 마음이 가장 많이 영향을 받는 형태이고 참으로 이 모든 움직임들 중에 . . . 아무도 이모든 움직임들을 헤아릴 수 없지만 . . .

> WORDS: Sloth is of all the passions the most powerful passion and indeed no passion is more powerful than the passion of sloth, this is the mode in which the mind is most affected and indeed . . . , of all these movements and who can

number them of all these movements . . . . (127)

여기서의 나태함에 대한 정의의 시도는 창조적인 것이 아니고 주제의 성격을 분류와 피상적인 정의에 의해 표현하는 것이다. 더구나 그 정의는 추상적이다. 즉, 나태함은 하나의 파괴적인 열정이라는 것이다. 이 같은 정의는 삶으로부터의 예도 없고 특별하다고 할 만한 특징도 없다. 워즈가 사용하는 말들은 의미가 없는 것으로 보이며, 이것들 자체가 또 다른 정의를 필요로 하고 있다. 이 열정에 관해 첨가된 정보인 "영혼의 움직임"(a movement of the soul)(127)이라는 표현도 마찬가지로 추상적이다. 정의가 현실의 경험에 토대를 두고 있지 않다는 것은 크록이 사랑이라는 주제를 표현하도록 지시할 때 더욱 명백해 진다.

워즈: (거창한 어조로) 사랑이란 모든 열정들 중에 가장 강력한 열정이고 참으로 그 어떤 열정도 사랑의 열정보다 강렬 하지는 않는 것이다. (목을 가다듬는다.) 이것은 마음이 가장 강력하게 영향을 받는 형태이고 참으로 그 어떤 형태에서도 마음이 이형태에서 보다 더 강하게 영향을 받지는 않는다. 마음이 이형태에서 보

다 더 강하게 영향을 받지는 않는다.

WORDS: (*Orotund.*) Love is of all the passions the most powerful passion and indeed no passion is more powerful than the passion of love. (Clears throat.) This is the mode in which the mind is most strongly affected and indeed in no mode is the mind more strongly affected than in this. (128)

동일한 정의가 사랑과 나태함에 똑같이 적용된다. 한 대목에서는 워즈가 실언하여 사랑 대신 나태라고 말하기도 한다. 그는 기계적으로 그의 실수를 바로 잡는다.

워즈: (전과 같은 어조로.) 이 모든 움직임들 중에서 아무도 그 수를 헤아리지는 못하며 그 것들은 다수이며 나태가 사랑이 가장 충동적이며 참으로 그 어떤 움직임의 형태로도 이것보다 더 영혼을 충동하지는 못한다, . . .

WORDS: (*As before.*): Of all these movements then and who can number them and they are legion sloth is the LOVE is the most urgent and indeed by no manner of movement is the soul more urged than by this, . . . (128)

두 주제 간의 유일한 구분은 둘째 주제가 좀 더 길게 지속되어지고 따라서 워즈가 분류를 연장할 필요가 생긴다는 점이다.

워즈: 이 사랑을 알기 위해--저주받아 죽은 모든 것이나 이것이 크게 움직이는 다른 그 어떤 것 보다 더 많이 영혼을 움직이는 이 사랑이란 무엇이며 다른 무엇보다도 사랑에 의해 움직이는 이 영혼이란 무엇인가? (목을 가다듬고 단조로운 어투로) 나는 여인에 대한 사랑을 의미하지, 그게 내 주인께서 의미하시는 바라면 말이지.

WORDDS: --to wit this love what is this love that more than all the cursed deadly or any other of its great movers so moves the soul and soul what is this soul that more than by any of its great movers is by love so moved? (Clears throat Prosaic.) Love of woman, I mean, if that is what my Lord means. (129)

워즈가 사용하는 언어와 경험 사이에는 명백한 틈이 있으며 이것은 『승부의 종말』에서 클로브가 한 말인 "그들이 내게 말했어요. 그것이 사랑이라 지요. 맞아, 맞아요, 틀림없이 . . . .”(They said to me, That's love, yes, yes, not a doubt, . . .)(80)이라고 말한 대목을 연상시킨다. 그 역시 자신이 경험해 보았던 그 무엇과도 일치하지 않는 언어를 사용했다. 햄(Hamm)처럼 크록은 이 같은 공허한 언어에 역겨움으로 반응한다. 워즈는 클로브(Clov)가 말한 것처럼 “나는 당신이 가르쳐준 언어들을 사용합니다. 만약 그것들이 더 이상 아무의미가 없다면, 내게 다른 것들을 가르쳐 주십시오. 그렇지 않으면 침묵하겠습니다.”(I use the words you taught me. If they don't mean anything any more, teach me others. Or let me be silent.)(44)라고 대꾸할 수도 있을 것이다. 언어의 공허성은 두 가지의 정의가 내용상 동일하다는 것뿐만 아니라 정의들 자체 내의 말들의 형태에 의해서도 암시되어 있다. “나태”의 정의를 한번 보면, 하나의 피리어드로 끝나는 것이 아니고 크록의 간섭으로 끝나는 몹시 길고 복잡한 문장하나가 나온다. 이 문장은 끝날 길이 없다. 왜냐하면 이 문장은 그 무엇을 표현하는데 결코 성공하지 못하기 때문이다. 의미가 사라짐에 따라, 말들 자체는 조작되어지고 형태로 맞추어지는 객체들로서 중요해진다. 단어들이 무에 바탕을 두고 있기 때문에 성과 수에 관해서도 가끔 혼동이 있다.

워즈: . . . 나태는 가장 충동적이며 참으로 영혼은 그 어떤 움직임보다도 이것에 의해 이것에 의해 이것에 의해 이런 저런 충동을 받으며 영혼은 그 어떤 움직임보다도 이것에 의해 충동을 받는다. 이런--(사이.) 저런. (사이.) 들어봐!

WORDS: . . . sloth is the most urgent and indeed by no movement is the soul more urged than by this by this by this to and from by no movement the soul more urged than by this to and--(Pause.) From. (Pause.) Listen! (127)

이들 지시대명사들이 무엇을 가리키는지 알기는 어렵다. 그리고 이 시리즈는 클로브의 "이것은 나를 위한 그것이었다." (This was that for me.)(38)라는 말을 다시 한 번 상기 시켜준다. 두 번의 경우에서, 언어는 내용보다 형태가 보다 중요한 일련의 법칙이다.

나태와 사랑의 정의들은 언어가 그 어떤 경험에도 토대를 두고 있지 않기 때문에 의미가 없다는 것과 언어가 의미가 없기 때문에 창조가 실패할 수밖에 없다는 것을 암시해준다. 얼굴과 나이에 대한 정의들 역시 창조 실패의 또 다른 측면을 예시해준다. 이 측면은 『승부의 종말』, 『타다 남은 것들』, 『카스칸도』에서도 탐구 되어 있다. 이 작품에서 크록(Croak)이 등장할 때 그는 그가 본적이 있는 한 얼굴에 몰두한다.

크록: 얼굴
(사이.) 계단 위에서. (사이.) 용서해 주오.

Croak: The face.
(Pause.) On the stairs. (Pause.) Forgive. (127)

이 얼굴은 크록이 처음부터 불러내 보려고 시도해온 이미지이다. 그는 워즈(Words)와 뮤직(Music)을 시켜서 "그 얼굴을 보고 싶어 중얼거리는 소원"(his muttered wish to see the 'face')을 이루어 보려고 시도해왔지만 실패한 것으로 보인다.

이 얼굴은 『카스칸도』에서 판단하는 존재로서 오픈어(Opener)를 괴롭혔던 "타인"(the Other), 또는 "그들"(They)을 상기시켜 주기도 한다. 이 얼굴은 또한 햄(Hamm)과 헨리(Henry)를 따라다니는 눈초리들을 상기시켜 주기도 하며 크록의 고통과 절망의 원천이 되기도 한다.

. . . 옛 얼굴들과 옛 기억들이 죽어버린 과거로부터 솟아나와 절망적인 현재 속에서 허우적거리며 끊임없이 그를 따라다니고 그의 고통의 원천이 된다. 크랩처럼 크록은 기억과 언어가 일시적인 위안을 가져올 수 는 있지만 결국은 고통과 절망을 심화시킬 수 있는 것에 지나지 않는 것임을 알게 된다.

. . . old faces, old memories haunt him endlessly and are the source of his suffering, rising out of a dead past to flounder in a hopeless present. Like Krapp, Croak learns that memory and language may bring temporary relief, yet in the long run can only intensify suffering and despair.(Preto, 102)

이것은 워즈가 예술의 세계에 그 자체적인 생명력을 부여하지 못하는 무능력뿐만 아니라 고통스러운 경험에 하나의 객관적이고 정화 적인 형태를 주지 못하는 무능력을 보여주고 있다. 『타다 남은 것들』에서 헨리가 자기 아버지를 기술하려고 시도할 때 바위 위에 움직이지 않고 있는 하나의 조각상 이상을 상상 해내지 못하듯이 이 작품에서는 워즈가 크록(예술가의 의지를 상징)을 따라다니는 얼굴에 대해 노래할 때 그의 기술은 마치 하나의 조각상을 묘사하듯 경직성과 부동성을 의미하는 말들로 채워져 있다. 크록이 워즈를 통해 시도하는 예술이 불모 성 그 자체이며 이것은 생명력 있는 창조를 할 수 없다.

크록의 예술적 창조에 대한 이 같은 무능력과 불모성은 그의 가장 주된 도구인 워즈가 시도하는 나이에 대한 정의에서도 나타난다.

> 워즈: (말을 더듬는다.) 나이란 . . . 나이란 . . . 내가 노령을 의미할 때 . . . 그것이 내 주인이 의미하는 것이라면 . . . 당신이 . . .사람이라면 가령 . . . 사람이라면 . . . 웅크리고 . . . 고개를 끄덕이고 . . . 화롯가에서 . . . 기다리고 있는--

> WORDS: (*Faltering.*) Age is . . . age is when . . . old age I mean . . . if that is what my Lord means . . . is when . . . if you're a man . . . were a man . . . huddled . . . nodding . . . the ingle . . . waiting-- (129)

워즈는 여기서 앞의 두 단어에 대한 정의들만큼도 유창하지 않다. 왜냐하면 이제 워즈는 고통스런 그 무엇을 표현하려 하고 있고 적절한 말을 선택해야할 필요성에 의해 방해받고 있기 때문이다. 나이와 얼굴의 주제에 나타나는 이미지들은 두 노인들인 할러웨이(Holloway)와 볼튼(Bolton)에 관한 헨리의 이야기를 상기시켜 준다. 비록 이야기는 사라졌지만 타다 남은 것들과 깜박거리는 불빛의 이미지들, 차가운 흑백 색깔의 죽음 같은 배경 및 이겨내기 어려운 눈초리들은 남아있다. 노령은 삶의 타고남은 것들이고, 워즈는 삶의 타고남은 잿더미로부터 한 여인에 대한 비전을 얻고 있는 노인을 묘사한다.

> 워즈: 그녀가 타고남은 잿더미 속으로 들어온다 . . . 사랑했지만 소유나 . . . 될 수 없었던 . . . 타고남은 잿더미 속으로 들어온다 . . . . 그 옛날의 불꽃 속으로 들어오듯이 타고 남은 잿더미 속으로 들어온다 . . . 그녀의 얼굴이 . . . 잿더미 속으로 . . . 살아서 . . . 다시 한번.

> WORDS: She comes in the ashes . . . comes in the ashes who loved could not be . . . won or be . . . . Comes in the ashes like in that old light . . . her face . . . in the ashes . . . on the earth . . . again. (130)

나이에 대한 워즈의 정의에서는 헨리의 이야기에서처럼

삶의 타고남은 것들에 대한 차가움과 불모의 암시들이 이어진다.

워즈: (무시하듯, 차가운 어조로.) 그토록 차갑고 희미한 빛이 비치는 그런 밀폐된 장소에서 . . . 에 의해 그토록 희미해져 버린 눈으로 내려다보면 . . . 흘러가 버린 것,

. . . .

워즈: 그리고 그 은백의 색깔 속에 있지 않는가 . . . 그 은백의 색깔 속에 . . . 있지 않는가 . . . 각하 . . . . --흐트러진 검은색 머릿결이 마치 수면 위에 넓게 퍼지듯 너울거리고 두 눈썹은 바짝 붙어있고 . . . 굳게, 산호빛도 없고 부푼 곳도 없는 아랫입술을 깨물고 있는 반짝이는 하얀 이, 그러나 보통은 . . .

WORDS: (*Disregarding, cold.*) Seen from above at such close quarters in that radiance so cold and faint with eyes so dimmed by . . . what had passed, ... (131)

. . . .

WORDS: And there is, is there not, in that clarity of silver . . . that clarity of silver . . . is there not . . . my Lord . . . . --flare of the black disordered hair as though spread wide on water, the brows knitted in a groove . . . tight, a gleam of tooth biting on the under, no coral, no swell, whereas normally . . . . (132)

이 장면에서의 색깔들은 은백색의 그림자들로부터 검은 머리털로 검은 머리털에서 흰색의 이빨에까지 걸쳐있다. 여기서 은백색, 검은색, 흰색 등은 삶의 경직성과 침묵을 암시하며 이것은 이어지는 한 여인의 부동 적인 몸에 대한 표현을 통해 다시 강조되어져 있다.

워즈: 다시 말하자면, 너무도 창백하고 고요하고 너무도 지쳐있어서 그것은 살아 있는 것이라기보다는 열 번째 광도로 이 특정한 밤에 차갑게 내리쬐고 있는 고래자리의 -- 말하자면 쳐다보고 있는 미라 좌처럼 보인다. (사이.)

WORDS: I resume, so wan and still and so ravished away that it seems no more of the earth than Mira in the Whale, at her tenth and greatest magnitude on this particular night shining coldly down--as we say, looking up. (Pause.) (132)

『타다 남은 것들』에서 어떤 생명력이 할러웨이의 차가운 흑백 색깔의 세계에서 배제되어져 있는 것처럼 보이듯이 워즈가 기술하는 "타인"(the other) 역시 살아 있는 사람이라기보다는 하나의 말없는 차가운 조각상을 닮았다: "워즈는 . . . 별빛에 보이는 얼굴에 대해 차갑고, 다소 꼼꼼하며 무미건조한 설명을 한다." (Words . . . gives a cold, rather precise and prosaic account of the face seen by starlight.)(Mercier 156). 워즈는 하나의 비전에 생명력을 불어넣을 만큼의 힘이 없다. 더욱이 워즈는 크록이 의식하는 존재의 고통을 효과적으로 다룰 수가 없다.

> 크록은 . . . , 그에게 이 얼굴이 '릴리'가되며, 아마도 하나의 잃어버린 사랑이 되고, 예술이, 워즈와 뮤직이라는 쌍둥이 도구를 가지고 표면위로 부상시키고 있는, 그의 전기 속의 어떤 고통 스런 기억이 될 때, 그는 자신의 . . . 삶 및 예술과 삶의 연계성에 대해 고통스럽게 일깨워진다.

> Croak is . . . , painfully reminded of his . . . life and of the link between life and art when, for him, the face becomes 'Lily,' a lost love perhaps, some painful memory in his biography that art, with its twin tools of Words and Music, is bringing to the surface. (Homan, 140)

하지만, 워즈는 비록 자기가 구사 할 수 있는 말의 한계에 도달했다고 해서 침묵으로 남아 있을 수 가없다. 디디(Didi)가 고고(Gogo)에게 "그 무엇이라도 말해보게!"(Say anything at all.)(41) 라고 간청하고 헨리가 아다에게 "아다, 이야기를 계속해, . . ."(Keep it going, Ada, . .)(102)라고 간청했듯이, 워즈는 말을 계속하기 위해 뮤직에게 어떻게든 소리를 만들어 보라고 간청한다.

워즈: 다시 한번 소리를 내보게.(사이. 간청하듯.) 다시 한번!
뮤직: (전과 같거나 아주 미미한 변화만 있는 소리를 낸다.)
(사이.)
워즈: (깊은 한숨소리.)

WORDS: Again. (*Pause. Imploring.*) Again!
MUSIC: (*As before or only very slightly varied.*)
(*Pause.*)
WORDS: (*Deep sigh.*) (134)

이 작품에서 워즈의 시도는 실패와 탄식 속에 끝나며 크록은 절망 속에 떠나버린다. 그러나 예술가의 의지를 상징하는 크록에게 떠남이 궁극적인 해결은 되지 못하며 그는 결국 존재의 공허와 침묵의 대면을 피하기 위해 옛 기억을 재생시키려는 고통스러운 시도를 반복 할 수밖에 없을 것이다.

> 떠난다는 것은 그가 침묵과 공허에 의해 삼켜져버리는 것을 피하기 위해 스스로가 옛 기억들을 파헤쳐 다시 살리려는 시도를 하지 않을 수 없음을 발견 할 다음 순간까지의 일시적인 해결책이다.

> Leaving is a temporary solution until the next time when he will find himself compelled to exume old memories, to attempt to make them live again in order to avoid being swallowed up by the silence and the void. (Preto 103)

이것은 이 작품 속에서 예술가의 창조의 의지를 상징하는 크록이 다시 한 번 궁지에 도달해 있고 예술의 무기력이 강조되어져 있음을 의미한다. 『승부의 종말』, 『타다 남은 것들』, 『카스칸도』의 인물들처럼 자신을 예술적 창조자로 규정하고 있는 크록이 "침묵과 공허에 의해 삼켜지는 것"을 피하기 위해 워즈와 뮤직 즉 언어와 음악을 수단으로 끊임없이 예술적 창조를 추구하지만 그의 시도 역시 모든 레벨에서 비틀거리고 있기 때문이다.

Ⅷ. 결어

베케트의 세 편의 무대극인 『고도를 기다리며』, 『승부의 종말』, 『크랩의 마지막 테이프』는 고통스런 존재의 조건에 대한 의식을 피하고 견딜 수 없는 지루함을 덜기 위해 습관적 기다림, 연기와 놀이, 허구적 스토리 창조 및 자의적 기억에 몰두하는 인간의 존재 양식을 작가의 우주관에 따라 비관적으로 묘사하고 있다. 이들 극작품은 삶이란 결국 가식이고 타협이며 무의미와 공허를 메우기 위한 일련의 시나리오임을 강조하고 있다.

『고도를 기다리며』에서 보편적인 인간을 상징하는 두 주인공 블라디미르와 에스트라곤은 부단히 자아와 현실에 대한 확인을 시도한다. 인간은 자아의 상실을 견디지 못하기 때문이다. 그러나 이들의 정체성 추구의 시도는 실패할 수밖에 없다. 시간의 흐름 속에서 인식의 대상이든 인식의 주체든 끊임없이 변하기 때문이다. 따라서 이들의 끊임없는 정체성 확인 시도는 부조리한 세계 속에서 혼돈과 불안의 결과로 이어질 수밖에 없다. 이들은 또한 고도가 오면 자신들이 처해 있는 존재의 비참한 조건으로부터 구원되리라는 막연한 기대 속에 그를 기다리며 살아가고 있는 모습이다. 그러나 작품의 내용과 구조의 상징적 암시로 보아 고도는 올 것 같지 않고 설령 온다고 해도 그로 인해 이들이 비참한 존재 조건으로부터 근원적으로 구원받는다는 확신도 없다. 따라서 이들의 기다림의 행동은 비참한 존재의 조건에 대한 의식을 어느 정도 둔화시키는 역할을 할 수 있을 뿐 이들의 존재 조건에 대한 근원적인 해결은 가져올 수 없다. 두 주인공의 고도에 대한 기다림의 부조리성은 곧, 인간 최대의 본질적 속성의 하나인 기다림의 행동에 대한 베케트의 비관적인 시각을 보여주는 것이다. 이들이 사용하는 언어는 진정한 의미 전달의 기능을 크게 상실해 버렸다. 언어가 의미 전달보다는 단순히 침묵으로 인한 현실 의식이나 지루함을 피하기 위해 무의미한 환치나 언어 게임 형식으로 많이 사용되고 있다. 그러나 이들은 이같은 언어 형식을 통해 침묵의 심연과 삶의 지루함으로부터 탈피하지는 못한다.

『승부의 종말』에서 베케트는 『고도를 기다리며』에서 보다 물리적 조건과 신체적 기능이 훨씬 더 제약 되어버린 일종의 극한 상황 속에서 인간이 추구할 수 있는 존재 양식의 성격을, 끝나기만을 지루하게 기다려야 하는, 궁지에 빠져있는 체스 게임 메타포를 통해 탐구하고 있다. 신체적 불구성과 외부 세계와의 차단, 존재에 필요한 사물의 고갈이라고 하는 비참한 상황 속에서 존재의 종말인 죽음이 오기만을 기다리고 있는 등장인물들은 주인공 햄의 주도로 연기, 환상, 기억, 스토리 창조 등을 통한 허구적 전경 구축에 집착함으로써 고통스런 존재에 대한 의식을 극복하려고 시도한다. 그러나 이 같은 존재 양식은 무대 위의 배우나 체스판의 말들처럼 진정한 생명력과 자유가 결여된 것이다. 또한 햄과 클로브가 구축하는 허구적 전경이나 스토리 창조의 시도는, 작품 속에서 다리가 셋 달린 개가 상징하듯 불완전하며 언제든지 무너질 수밖에 없다. 이것은 이들이 피하고자 하는 존재에 대한 의식은 언제든지 되돌아 올 수밖에 없음을 의미한다. 따라서 베케트는 『승부의 종말』에서, 어떤 허구적 상황이나 가상의 정체성 구축을 통해서도 현실의 고통을 근원적으로 극복할 수는 없다는 것이 부조리한 세계 속에서 살고 있는 인간의 또 다른 비관적인 존재 조건임을 암시하고 있다고 볼 수 있다.

『크랩의 마지막 테이프』에서 베케트는 주인공인 노인 크랩이 녹음기 속에 담겨진 자신의 과거의 자아들과의 대면 속에서 자신의 정체성이나 존재에 대한 어떤 의미를 찾는데 실패하는 모습을 제시하고 있다. 즉, 현재의 노인 크랩은 녹음기 속에 담겨진 자신이 과거에 지녔던 이상과 꿈이 단지 어리석고 낯선 것에 지나지 않을 뿐, 더 이상 어떤 의미와 관심의 대상이 되지 못함을 발견한다. 이것은 시간의 흐름 속에서 자아는 끊임없이 변해 버리고 인위적인 기억은 결코 과거를 완벽하게 재현할 수 없다는 작가의 인식론과 일치한다고 볼 수 있다. 베케트는 이 극작품에서 기억의 한계성과 시간의 흐름에 따른 자아의 분열로 인해 자신의 정체성과 삶의 의미를 찾지 못한 크랩의 존재 양식을 통해 혼돈과 무의미, 고독과 소외가 지배하는 인간 조건의 한 단면을 강조하고 있다고 볼 수 있다.

베케트의 라디오 극들인 『타다 남은 것들』과 『카스칸도』는 인간 의식의 예술적 창조 활동에 초점을 맞추고 있다. 『타다 남은 것들』에서 주인공 헨리는 앞의 무대극들에서와 같은 타인이나 물리적 배경이 더 이상 주어져 있지 않고, 그의 정신 작용에만 초점이 맞추어져 있다. 극 속에서 그의 주된 추구는 자신의 과거에 대한 고통스런 의식을 하나의 충분히 객관화된 스토리로 창조함으로써 그것에서 탈출하려는 것이지만 그의 시도는 실패하고 있다. 그가 예술 창조의 시도에 실패하는 것은 모든 것이 변하는 부조리한 세계 속에서 존재에 대한 그의 비전이 단편적일 수밖에 없는데다, 표현 매체인 언어에 대한 통제 능력도 불완전하기 때문이다. 베케트는 이 극작품 속에서 인간의 예술 창조의 시도는 부조리 세계에서는 불완전할 수밖에 없다는 것과, 따라서 존재의 고통에 대한 의식은 인간의 예술 창조의 시도를 통해서도 극복될 수 없는 것임을 제시하고 있다. 예술에 대한 베케트의 부정적인 시각은 그의 또 다른 라디오 극인 『카스칸도』에서 다시 한 번 강조되고 있다. 여기서는 예술가의 의지가 자아의 본질을 끈질기게 추적해서 그것에 하나의 만족할 만한 예술적 형태를 부여하려고 시도하지만 실패한다. 자아의 본질은 예술가의 지각으로도 그 실체를 완벽하게 포착할 수 없고, 그의 비전을 표현해 줄 언어의 기능마저 완전하지 못하기 때문이다. 따라서 존재의 고통을 의식하는 자아를 예술적 이미지로 객관화함으로써 잊으려 하는 인간의 예술 행위도 인간을 존재의 고통으로부터 근원적으로 구제해 줄 수는 없다.

베케트는 『언어와 음악』에서도 크록(Croak)이 상징하는 예술가의 의지가 삶의 주제들에 대해 창조적인 정의를 부여하거나 고통스런 삶의 기억이나 경험을 승화된 예술로 창조하려는 끊임없는 시도가 실패하는 과정을 통해 예술가의 도구인 언어적 측면의 공허성과 감성적 측면의 한계성을 부각시키고 있다. 그렇게 함으로써 베케트는 “침묵과 공허성에 의해 삼켜 지는 것”을 피하고 존재의 고통에 대한 의식을 피하기 위해 실패할 수밖에 없는 예술 창조의 시도를 반복 할 수밖에 없는 것이 부조리한 존재의 조건 속에서 예술가가 처해있는 창조의 궁지임을 강조하고 있다.

이상에서 살펴보았듯이 베케트가 묘사하고 있는 인간의 존재 조건은 비관적인 것이다. 그의 극은 혼돈스럽고 부조리한 우주 속에서 살고 있는 인간의 고통스러운 존재조건 및 그것에 대한 의식으로부터의 탈피 시도와 그 실패를 극화하고 있다. 혼돈된 우주 속에 살고 있는 인간들은 자연과 사물의 본질을 파악할 길이 없고 자아 역시 확인할 수 없다. 시간의 파괴 작용 속에서 인식의 대상 뿐 만 아니라 인식의 주체마저도 끊임없이 변하며 인간의 가장 중요한 표현 수단인 언어도 그 주된 기능을 상실한다. 그럼에도 불구하고 끊임없이 알고자 하는 충동에 강요되는 베케트의 인간들은 부단히 의미와 정체를 추구해 보지만 실패할 수밖에 없다. 따라서 혼돈과 좌절, 의혹과 불안, 공허와 소외가 이들이 처해 있는 고통스런 존재 조건이다. 이들은 자신들의 존재 조건에 대한 의식을 피하기 위해 다양한 형태의 놀이나 연극, 말장난, 자의적인 기억, 허구적 스토리의 창조 등에 의존하며 살아가지만 이같은 존재 방식은 진정한 생명력이 없고, 삶의 비관적인 조건을 근원적으로 해결하지 못한다. 존재의 본질에 대한 비전을 포착해서 승화된 예술로 표현하고 그럼으로써 삶의 고통을 극복해 보려는 예술 창조의 시도 역시 베케트의 부조리 세계 속에서는 실패하고 있다. 결국, 베케트의 극에서는 존재에 대한 의식을 극복하려는 그 어떤 시도도 실패하며, 인간은 항상 고통스러운 삶의 조건 속에서 비참한 현실을 수용하며 살아갈 수밖에 없는 존재이다.

Ⅰ. 서언

1 Godwin O. Uwah, Aspects of Pirandellism in Samuel Beckett's "En Attendant Godot" and "Fin de Partie"(Tallahassee: Florida State University Press, 1982), p.36 참조.

Ⅱ. 『고도를 기다리며』: 부조리한 기다림

1 Geiser, p.31.

2 Samuel Beckett, Waiting for Godot (New York: Grove Weidenfeld, 1982), p.53. 앞으로 이 책에 대한 인용은 페이지만 표시하겠으며, 페이지 표시가 없는 지면들은 편의상 바로 앞 페이지에 A자를 붙여 표시하겠음.

3 Martin Esslin, The Theatre of the Absurd (New York: Double & Company, 1961), p.113.

4 Proust, pp.4-5.

5 Ruby Cohn, Currents in Contemporary Drama (Bloomington: Indiana University Press, 1969), p.192.

6 Beckett, Proust, pp.4-5. 참조.

7 David H. Hesla, The Shape of Chaos: An Interpretation of the Art of Samuel Beckett (Minneapolis: University of Minnesota Press, 1971), p.165.

8 Ronald Hayman, Samuel Beckett (New York: Frederick Ungar Publishing, 1973), p.26.

9 Hesla, p.134.

10 Ibid., p.135.

11 Venanzio, pp.20-21 참조.

12 Leonard Cabell Pronko, Avant-Garde (Berkeley and Los Angeles: University of California Press, 1966), p.30.

13 Ibid., p.28.

14 Alain Robbe-Grillet, "Samuel Beckett or 'Presence' in the Theatre," in Samuel Beckett: A Collection of Critical Essays, ed., Martin Esslin (New Delhi: Prentice-Hall of India, 1980), p.113.

15 Esslin, p.20.

16 Robbe-Grillet, p.113.

17 Geiser, p.158.

18 Eric Bentley, What Is Theatre? (Boston: Beacon Beacon Press, 1956), p.158.

19 Ronald Gray, "Waiting for Godot: A Christian Interpretation," The Listener, LVII (January 24, 1957): 160-61.

20 Pronko, p.35.

21 G.J. Watson, Drama (London: Macmillan Press, 1983), p.174.

22 Ruby Cohn, Just Play (Princeton: Princeton University Press, 1956), p.158.

23 Watson, p.174.

24 『마태 복음』 25: 31-46.

25 Esslin, p.43 재인용.

26 Watson, p.176.

27 David Grossvogel, Four Playwrights and a Postcript: Brecht, Ionesco, Beckett, Genet (Ithaca: Cornell University Press, 1965), pp.97-98.

28 Ibid., p.91.

Ⅲ. 『승부의 종말』 : 허구적 존재양식

1 Frederick J. Hoffman, Samuel Beckett: The Language of Self (Carbondale: Southern Illinois University Press, 1962), p.154.

2 Samuel Beckett, Endgame (New York: Grove Press, 1958), p.1. 앞으로 이 책에 대한 인용은 페이지만 표시하겠음.

3 『창세기』 9:20-25.

4 Ted Lynn Estess, *Nothing-Doing: A Study of Game-Play Motifs in the Literature of Samuel Beckett* (Syracuse: Syracuse University Press, 1972), p.272.

5 『다니엘』 5:26.

6 『요한 복음』 19:30.

7 'hamm'의 의미에는 '아직 미숙한 배우'라는 뜻이 있음.

8 Venanzio, p.124.

9 Uwah, p.93.

10 Hugh Kenner, Samuel Beckett: A Critical Study (Boston: Beacon Press, 1962), pp.156-67.

11 Ruby Cohn, Back to Beckett (Princeton: Princeton University Press, 1973), p.152.

12 Venanzio, p.124.

13 Estess, pp.292-94. 참조.

14 Ronald Warren Jones, Temporary Metaphors and Endgame Theory (Athens: Ohio University Press, 1981), pp.185-86 참조.

15 Estess, p.294.

16 Michael Holquist, "How to Play Utopia: Some Brief Notes on the Distinctiveness of Utopian Fiction," in Game, Play, Literature, ed. Jacques Ehrmann (Boston: Beacon Press, 1971), pp.106-23 참조.

17 Ibid., p.108.

18 Ibid., p.111.

19 Ibid., p.112.

20 Ross Chambers, "Beckett's Brinkmanship," in Samuel Beckett, ed. Martin Esslin (Englewood Cliffs: Prentice-Hall, 1965), p.120.

21 John Fletcher, Samuel Beckett's Art (New York: Barnes and Noble, 1967), pp.54-56.

22 Geiser, p.170.

23 Jones, pp.174-75.

24 Theodore Adorno, "Towards an Understanding of Endgame," in Twentieth Century Interpretation of Endgame, ed. Bell Gale Chevigny (Englewood Cliffs: Prentice-Hall, 1969), p.103.

25 Jones, p.197 참조.

Ⅳ. 『크랩의 마지막 테이프』 : 자아의 단절

1 Geiser, p.244.

2 Ruby Cohn, "The Comedy of Samuel Beckett," Yale French Studies,

No. 23(Winter 1959-60), p.14.

3 Samuel Beckett, Collected Shorter Plays (New York: Grove Weidenfeld, 1984), p.55. 앞으로 이 책속의 Krapp's Last Tape에 대한 인용은 페이지만 표시하겠음.

4 Richard Wagoner Lauchman, Samuel Beckett and Onomastic Suggestiveness (College Park: University of Maryland Press, 1974), p.101 재인용.

5 Ibid., p.101.

6 Magaret L. Quinn, Objects in the Theatre of Samuel Beckett: Their Function and Significance as Components of His Theatrical Language (Hamilton: McMaster University Press, 1975), p.174.

7 Gordon Scott Armstrong, Encasement and Freedom: A Congruency of Being in the Works of Samuel Beckett (Berkeley: University of California Press, 1975), p.208.

8 Quinn, p.200.

9 Hoffman, p.156.

10 Ibid., p.178.

11 Beckett, Proust, pp.71-72.

12 Geiser, p.236.

13 Anna E.V. Preto, Modes of Being and Time in the Theatre of Samuel Beckett (Hamilton: McMaster University Press, 1974), p.85.

14 Rosette Lamont, "Beckett's Eh Joe: Lending an Ear to the Anima," in Women in Beckett, ed. Linda Ben-Zvi (Chicago: University of Illinois Press, 1990), p.234.

15 Lyons, p.94.

V. 『타다 남은 것들』: 예술적 창조의 한계

1 Samuel Beckett, Collected Shorter Plays (New York: Grove Weidenfeld, 1984), p.93. 앞으로 이 책 속의 Embers에 대한 인용은 페이지만 표시 하겠음.

2 Hugh Kenner, A Reader's Guide to Samuel Beckett (London: Thanes and Hudson Ltd., 1973), p.164.

3 Charles C. Hampton, The Human Situation in the Plays of Samuel Beckett: A Study in Stratagems of Inaction (Stanford: Stanford University Press, 1965), p.141.

4 Paul Lawley, "Embers: An Interpretation," in The Beckett Studies Reader, ed. S.E. Gontarski (Gainsville: University Press of Florida, 1993), p.108.

5 Sidney Homan, Beckett's Theatre (London and Toronto: Associated University Press, 1984), p.131.

6 Lawley, p.96.

7 Rosemary Pountney, Theatre of Shadow: Samuel Beckett's Drama 1956- 76 (Gerrads Cross: Colin Smythe, 1988), p.111.

8 Lawley, p.97.

9 Ibid., p.103.

10 Hampton, p.147.

11 Pountney, p.111.

Ⅵ. 『카스칸도』:자아 객관화의 실패

1 Jane Alison Hale, The Broken Window (West Lafayette: Purdue University Press, 1987), p.65.

[2] Samuel Beckett, Collected Shorter Plays (New York: Grove Weidenfeld, 1984), p.139. 앞으로 이 책 속의 Cascando에 대한 인용은 페이지만 표시하겠음.

[3] Hale, p.63.

[4] Kenner, Samuel Beckett: A Critical Study, p.73.

[5] Geiser, p.195.

[6] Homan, p.135.

[7] Hale, p.65.

[8] Ibid., p.66.

[9] Hampton, pp.192-93.

참고문헌

Beckett, Samuel. *Waiting for Godot*. New York: Grove Weidenfeld, 1982.

___________. *Endgame*. New York: Grove Weidenfeld, 1958.

___________. *Collected Shorter Plays*. New York: Grove Weidenfeld, 1984.

___________. *Proust*. London: John Calder, 1965.

Adorno, Theodore. "Towards an Understanding of *Endgame*." In *Twentieth Century Interpretation of Endgame*. Ed. Bell Gale Chevigny. Englewood Cliffs: Prentice-Hall, 1969, pp.102-106.

Armstrong, Gordon Scott. *Encasement and Freedom: A Congruency of Being in the Works of Samuel Beckett*. Berkeley: University of California Press, 1975.

Barnard, George C. *Samuel Beckett: A New Approach*. London: Dent, 1970.

___________. *Contemporary Theatre*. New York: Crown Publishers,

1971.

Bentley, Eric. *What Is Theatre?* Boston: Beacon Press, 1956.

Chambers, Ross. "Beckett's Brinkmanship." In *Samuel Beckett.* Ed. Martin Esslin. Englewood Cliffs: Prentice-Hall, 1965, pp.120-25.

Cohn, Ruby. "Philosophical Fragments in the Works of Samuel Beckett." In *Samuel Beckett: A Collection of Critical Essays.* Ed. Esslin, Martin. Englewood Cliffs: Prentice-Hall, 1965, pp.167-79.

___________. *Back to Beckett.* Princeton: Princeton University Press, 1973.

___________. "The Comedy of Samuel Beckett." *Yale French Studies.* No.23 (Winter 1959-60), pp.11-17.

___________. *Currents in Contemporary Drama.* Bloomington: Indiana University Press, 1969.

___________. *Just Play.* Princeton: Princeton University Press, 1980.

Driver, Tom F. *Romantic Quest and Modern Query: A History of the Modern Theatre.* New York: Delacorte Press, 1970.

Esslin, Martin. *The Theatre of the Absurd.* New York: Doubleday & Company, 1961.

___________. "Acting for Beckett." *Modern Drama*, 9 (1966): 237-43.

Estess, Ted Lynn. *Nothing-Doing: A Study of Game-Play Motifs in the Literature of Samuel Beckett*. Syracuse: Syracuse University Press, 1972.

Fletcher, John. *Samuel Beckett's Art*. New York: Barnes and Noble, 1967.

Geiser, Judith Keller. *The Quest for Personal Identity: A Study of Themes in the Theatre of Samuel Beckett*. Madison: University of Wisconsin Press, 1973

Gray, Ronald. "*Waiting for Godot*: A Christian Interpretation." *The Listener*, LVII (January 24, 1957): 160-61.

Grossvogel, David. *Four Playwrights and a Postcript: Brechete, Ionesco, Beckett, Genet*. Ithaca: Cornell University Press, 1965.

Hale, Jane Alison. *The Broken Window*. West Lafayette: Purdue University Press, 1987.

Hampton, Charles, C. *The Human Situation in the Plays of Samuel Beckett: A Study in Stratagems of Inaction*. Stanford. Stanford University Press, 1965.

Hayman, Ronald. *Samuel Beckett*. New York: Frederick Ungar Publishing Co, 1973.

Hesla, David. H. *The Shape of Chaos: An Interpretation of the Art of*

Samuel Beckett. Minneapolis: The University of Minnesota Press, 1971.

Homan, Sidney. *Beckett's Theatre.* London and Toronto: Associated University Press, 1984.

Hoffman, Frederick J. *Samuel Beckett: The Language of Self.* Carbonedale: Southern Illinois University Press, 1962.

Holquist, Michael. "How to Play Utopia: Some Brief Notes on the Distinctiveness of Utopian Fiction." In *Game, Play, Literature*. Ed. Jacques Ehrmann. Boston: Beacon Press, 1971, pp.106-23.

Jones, Ronald Warren. *Temporary Metaphors and Endgame Theory.* Athens: Ohio University Press, 1981.

Kenner, Hugh. *Samuel Beckett: A Critical Study*. Boston: Beacon Press, 1962.

___________. *A Reader's Guide to Samuel Beckett.* London: Thanes and Hudson Ltd., 1973.

Lamont, Rosette. "Beckett's *Eh Joe*: Lending an Ear to the Anima." In *Women in Beckett*. Ed. Linda Ben-Zvi. Chicago: University of Illinois Press, 1990, pp.231-37.

Lauchman, Richard Wagoner. *Samuel Beckett and Onomastic Suggestiveness.* College Park: University of Maryland Press, 1974.

Lawley, Paul. "*Embers*; An Interpretation." In *The Beckett Studies Reader*. Ed. S.E.Gontarski. Gainsville: University Press of Florida, 1993, pp.103-108.

Leventhal, A.J. "The Beckett Hero." In *Samuel Beckett: A Collection of Critical Essays*. Ed. Martin Esslin. Englewood Cliffs: Prentice-Hall, 1965, pp.37-51.

Lyons, Charles R. *Samuel Beckett*. New York: Grove Press, 1983.

Pountney, Rosemary. *Theatre of Shadow: Samuel Beckett's Drama 1956-76.* Gerrads Cross: Colin Smythe, 1988.

Preto, Anna E.V. *Modes of Being and Time in the Theatre of Samuel Beckett.* Hamilton: McMaster University Press, 1974.

Pronko, Leonard Cabell. *Avant-Garde.* Berkeley and Los Angeles: University of California Press, 1966.

Quinn, Magaret L. *Objects in the Theatre of Samuel Beckett: Their Function and Significance as Components of His Theatrical Language.* Hamilton: McMaster University Press, 1975.

Robbe-Grillet, Alain. "Samuel Beckett or 'Presence' in the Theatre." In *Samuel Beckett: A Collection of Critical Essays*. Ed. Martin Esslin. New Delhi: Prentice-Hall of India, 1980, pp.111-15.

Uwah, Godwin O. *Aspects of Pirandellism in Samuel Beckett's* "En

Attendant Godot" and "Fin de Partie." Tallahassee: Florida State University Press, 1982.

Venanzio, Barbara Ayne C. *The Metaphysical Anguish of Samuel Beckett: A Study of His Dramatization of Existence.* Memphis: Middle Tennessee State University Press, 1976.

Watson, G.J. *Drama..* London: Macmillan Press, 1983.

저자 정갑철

전남대학교 영어영문학과 졸업
미국 Truman State University 대학원 졸업
세종대학교 영문학박사
1985년 목포대학교 전임강사
캐나다 University of Tornoto 연구교수
현재 목포대학교 교수

개정판

사무엘 베케트의 존재 의식

인쇄 | 2018년 10월 15일
발행 | 2018년 10월 20일

저자 | 정갑철
발행인 | 정병석
발행처 | 전남대학교출판문화원

등록 | 1981. 5. 21. 제53호
주소 | 61186 광주광역시 북구 용봉로 77
전화 | (062) 530-0571 ~ 2 **마케팅** 530-0573
팩스 | (062) 530-0579
홈페이지 | http://www.cnup.co.kr
이메일 | cnup0571@hanmail.net

값 10,000원

ISBN 978-89-6849-555-7 (93840)

이 도서의 국립중앙도서관 출판예정도서목록(CIP)은
서지정보유통지원시스템 홈페이지(http://seoji.nl.go.kr) 와
국가자료공동목록시스템(http://www.nl.go.kr/kolisnet) 에서 이용하실 수 있습니다.
(CIP제어번호 : CIP2018032891)